La Misura
della Fede

"Infatti, per la grazia che mi è stata data,
dico a ciascuno che si trovi fra voi
di non avere alcun concetto più alto di quello che
conviene avere, ma di avere un concetto sobrio,
secondo la misura della fede che Dio
ha distribuito a ciascuno."
(Romani 12:3)

La Misura della Fede

Dott. Jaerock Lee

URIM
BOOKS

La Misura della Fede del Dott. Jaerock Lee
Pubblicato da Urim Books (Rappresentato da Kyungtae Noh)
73, Yeouidaebang-ro 22-gil, Dongjak-gu, Seoul, Corea
www.urimbooks.com

Salvo diversa indicazione, tutte le citazioni sono tratte dalla Bibbia Sacra Scrittura, Copyright ©, La Nuova Riveduta sui testi originali (1994, edizione del 2006), a cura della Società Biblica di Ginevra. Usate con permesso.

Copyright © 2015 Dott. Jaerock Lee
ISBN:978-89-7557-988-2 03230
Copyright Traduzione © 2012 Dott. Esther K. Chung usato con permesso.

Precedentemente pubblicato in coreano da Urim Books nel 2009

Data prima pubblicazione luglio 2015

A cura del Dr. Geumsun Vin
Progettato dal Bureau Editoriale di Urim Books
Stampato presso Printing Company – Yewon
Per maggiori informazioni contattare: urimbook@hotmail.com

Prefazione

Con la speranza che ognuno di voi ottenga l'intera misura della fede nello spirito e goda della celeste gloria eterna nella Nuova Gerusalemme, dove risiede il trono di Dio!

Insieme al mio altro libro recentemente pubblicato, *"Il Messaggio della Croce,"* *"La Misura della Fede"* è di certo una guida fondamentale per chiunque desideri vivere una buona vita cristiana.

Rendo ogni ringraziamento e dedico ogni gloria a Dio Padre che ha benedetto questo prezioso lavoro rendendo possibile la sua pubblicazione, in modo che a molti sia rivelata la realtà del regno spirituale. In questi tempi, sono tante le persone che dicono di credere, ma non sono sicure della propria salvezza. Non sanno nulla della fede né se sia necessaria una certa dimensione di essa per ricevere la salvezza. Spesso si sente dire "Quest'uomo ha una grande fede," o ancora "La fede di quell'individuo è debole," eppure, non è facile riconoscerla in una persona, misurarne la grandezza, la crescita o in che proporzione essa sia accettata da Dio. Egli non desidera per noi fede carnale ma spirituale, accompagnata dai segni. Per fede carnale intendo quell'attestazione che si limita a conoscere, imparare e memorizzare la parola di Dio, con l'unico fine di accumulare informazioni per ragioni nozionistiche. Quella spirituale, quella vera, infatti, non la si ottiene attraverso la propria volontà; essa viene direttamente e soltanto da Dio.

Ecco perché Romani 12:3 esorta: *"Infatti, per la grazia che mi è stata data, dico a ciascuno che si trovi fra voi di non avere alcun concetto più alto di quello che conviene avere, ma di avere un concetto sobrio, secondo la misura della fede che Dio ha distribuito a ciascuno."* Questo passaggio attesta che ogni individuo ha la propria fede spirituale datagli da Dio e che le risposte e le benedizioni da Lui elargite, variano secondo la proporzione in cui essa è presente in ogni persona.

1 Giovanni 2:12 ed i versetti seguenti, ritraggono la crescita della fede di ogni persona paragonandola alla fede dei lattanti, dei bambini, dei giovani e dei padri. C'è di più, anche la dimora celeste e la gloria che spetterà ad ogni individuo, variano secondo

la misura di fede personale. In 1 Corinzi 15:41 infatti leggiamo *"Altro è lo splendore del sole, altro lo splendore della luna ed altro lo splendore delle stelle, perché una stella differisce da un'altra stella in splendore."* Questo passaggio ci ricorda che è importante ricevere la salvezza e raggiungere il cielo; ma sapere in quale dimora celeste abiteremo e che tipo di corone e ricompense riceveremo, è maggiormente importante.

L'Iddio d'amore desidera che i Suoi figli crescano nella piena misura della loro fede, aspettando ansiosamente che entrino nella Nuova Gerusalemme, dove risiede il Suo trono, desiderando di vivere lì con loro, per sempre.

Tanto *La Misura della Fede* quanto le dimore celesti, possono essere suddivise in cinque livelli e spero con questa esposizione, di agevolare i lettori nell'avere una completa comprensione del soggetto. In accordo con gli insegnamenti della Parola, ma anche rispetto al desiderio del cuore di Dio, il presente volume illustra questi cinque livelli, aiutando il lettore a riconoscere il proprio. Io ho fiducia che leggendo, tu possa avanzare più vigorosamente di prima verso il cielo comparando la misura della tua fede con quella dei padri spirituali della Bibbia.

Anni fa pregavo per ricevere rivelazione su alcuni versi della

Parola che mi erano di oscura comprensione. In seguito, l'Eterno mi spiegò le ripartizioni presenti all'interno del Regno dei Cieli e che, differenti dimore celesti, saranno assegnate ad ognuno dei Suoi figli, in rapporto alla misura della loro fede.

Successivamente, ho predicato proprio su tale soggetto, e con il materiale contenuto nelle registrazioni di tali sermoni, abbiamo pubblicato questo libro. Ringrazio Geumsun Vin, il direttore editoriale, tutti i fedeli lavoratori dell'ufficio editoriale e l'ufficio traduzioni.

Prego nel nome del nostro Signore Gesù Cristo che ogni lettore di questo libro raggiunga la piena *Misura della Fede*, quella ripiena di spirito, e si compiaccia della gloria eterna nella Nuova Gerusalemme, la dimora del trono di Dio!

Jaerock Lee

Introduzione

La speranza è che questo libro sia una guida inestimabile nel misurare la fede di ogni individuo, affinché il maggior numero possibile di persone raggiungano la misura di fede che piace a Dio.

Ne *"La Misura della Fede"* saranno presi in considerazione i cinque stadi della fede, da quella dei neonati e dei bambini spirituali, passando per coloro che hanno solo accettato Gesù Cristo e ricevuto lo Spirito Santo, fino ad arrivare allo studio della fede dei padri, coloro che conoscono l'Iddio della creazione. Attraverso quest'opera, chiunque può avvicinarsi alla misura della propria fede.

Capitolo 1 "Cosa è la Fede?" Il capitolo iniziale definisce la fede, quella in cui Dio si compiace, e le benedizioni che la seguono. La Bibbia classifica la fede secondo due generi: "carnale," ovvero "fede che viene dalla conoscenza," e "spirituale." Questa sezione illustra come possedere la fede spirituale e condurre una vita benedetta in Cristo.

Capitolo 2 "Crescita della Fede Spirituale," Basato quasi interamente su 1 Giovanni 2:12-14, il secondo capitolo descrive il processo di crescita della fede spirituale comparandolo allo sviluppo dell'essere umano, da neonato ai primi passi, da bambino a giovane e, successivamente, padre. In altre parole, dopo che una persona accetta Gesù Cristo cresce spiritualmente nella sua fede e passa dalla fede di un bambino a quella di un adulto.

Capitolo 3 "La Misura della Fede di Ogni Individuo," Questa parte illustra la misura della fede individuale attraverso la parabola delle opere: alcune di stoppia, altre di fieno, di legno, di pietre preziose e altre di argento, che saranno palesate mediante la prova del fuoco. Dio vuole che noi raggiungiamo la fede d'oro, la cui opera non verrà mai arsa via da alcun genere di prova.

Capitolo 4 "Fede per Ricevere la Salvezza," Questo capitolo spiega il concetto di "fede minima," la misura più bassa della fede, il primo dei cinque livelli. Con questa, anche chiamata "fede dei neonati e dei primi passi," o "ede di fieno," è possibile ricevere la salvezza. Attraverso chiari esempi, questo capitolo ci esorta a maturare rapidamente nella fede.

Capitolo 5 "Fede per Imparare a Vivere Secondo la Parola," Il capitolo spiega che quando cerchiamo di ubbidire alla Parola senza riuscirci, ci troviamo al secondo livello della fede; di conseguenza, fronteggiamo grandi difficoltà che la mettono a repentaglio. In queste pagine viene insegnato anche come avanzare verso il terzo livello della fede.

Capitolo 6 "Fede per Vivere Secondo la Parola," Qui analizzeremo il breve processo attraverso il quale la fede, dal primo livello, matura al secondo e si muove nella fase iniziale del terzo, aumentando fino a divenire solida come la pietra, (la roccia della fede). Questo capitolo elabora anche la differenza tra la fase iniziale del terzo livello e la roccia della fede; ed anche perché è proprio in questa fase che è di vitale importanza lottare contro il peccato fino a versare sangue.

Capitolo 7 "Fede per Amare Dio al di Sopra di Tutto e Tutti," Qui verranno spiegate le differenze tra coloro che sono al terzo livello della fede e quelli che sono al quarto livello, l'amore per il Signore e le diverse benedizioni elargite su quanti amano Dio al massimo delle loro capacità.

Capitolo 8 "Fede in cui Dio si Compiace", Il capitolo illustra come raggiungere il quinto livello di fede: santificandoci completamente, alla maniera di Enoch, Elia, Abramo, Mosè ed essere fedeli alla casa di Dio compiendo tutti i nostri doveri. Non solo, per arrivare al quinto livello occorre deporre le nostre vite per il Signore e possedere la fede di Cristo, la fede dell'intero spirito. Infine, sono elencate le varie benedizioni che possiamo ricevere quando soddisfiamo Dio con il quinto livello di fede.

Capitolo 9 "I Segni che Accompagnano Coloro che hanno Creduto," In seguito all'acquisizione della fede perfetta, saremo accompagnati da segni miracolosi. Inoltre, sulla base della promessa di Gesù in Marco 16:17-18, questo capitolo esamina da vicino ciascuno di questi segni. Qui l'autore enfatizza il fatto che un predicatore dovrebbe rilasciare potenti proclamazioni accompagnate da segni miracolosi, testimoniando così dell'Iddio vivente, per innestare in noi una fede più forte, in un tempo in cui il mondo è pieno di peccato e perversità.

Capitolo 10 "Diverse Abitazioni Celesti e Diverse Corone." Nell'ultimo capitolo si parla delle numerose dimore presenti nel Regno dei cieli. Per la fede, chiunque potrà dimorare in una migliore abitazione celeste, dove la gloria e le ricompense sono notevolmente diverse dalle dimore inferiori. In particolare, per aiutare i lettori nella corsa verso i luoghi celesti più alti ed infondere loro la speranza del cielo, questo capitolo si conclude dipingendo brevemente la bellezza e la meraviglia della Nuova

Gerusalemme, dove risiede il trono di Dio.

Una volta comprese le differenze notevoli tra le varie dimore celesti e tra le ricompense che i santi riceveranno nel cielo secondo *La Misura della Fede* di ciascun individuo, il nostro atteggiamento verso la vita in Cristo sarà indubbiamente e completamente trasformato.

Spero che ogni lettore arrivi ad avere il tipo di fede che compiace a Dio e riceva qualsiasi cosa chieda per la gloria del Signore.

Geumsun Vin
Direttore dell'Ufficio Editoriale

Indice

Capitolo 1

∼

Cosa è la Fede?

Or la fede è certezza di cose che si sperano,

dimostrazione di cose che non si vedono;

infatti per mezzo di essa gli antichi ricevettero

testimonianza. Per fede intendiamo che l'universo

è stato formato per mezzo della parola di Dio,

sì che le cose che si vedono non vennero

all'esistenza da cose apparenti.

(Ebrei 11:1-3)

La Bibbia narra di situazioni in cui ciò per cui non si poteva nemmeno sperare è accaduto, e ciò che era impossibile con la forza dell'uomo è stato possibile e portato a termine dal potere di Dio.

Mosè condusse gli israeliti attraverso il Mare Rosso dividendolo in due e facendo passare il popolo di Israele come se stessero camminando su terra asciutta. Giosuè distrusse la città di Gerico marciando intorno ad essa tredici volte. Attraverso la preghiera di Elia i cieli diedero la pioggia dopo tre anni e mezzo di siccità. Pietro fece camminare una persona nata inferma, mentre l'apostolo Paolo risuscitò un giovane caduto dal terzo piano. Gesù camminò sulle acque, calmò acque tempestose e placò il vento, restituì la vista ai cechi e risuscitò un uomo ormai deposto nella tomba da quattro giorni.

Il potere della fede è incommensurabile e con essa tutto è possibile. Come Gesù dice in Marco 9:23 *"Se tu puoi credere, ogni cosa è possibile a chi crede,"* puoi ricevere qualunque cosa chiedi se hai con te la fede che Dio accetta.

Ma, quale tipo di fede Dio accetta, e come si può averla?

1. Definizione della fede accettata da Dio

Sono molte le persone che oggi dichiarano di credere

nell'onnipotente Dio, ma non ricevono le Sue risposte alle loro preghiere perché non hanno la vera fede. In Ebrei 11:6 leggiamo *"Ora senza fede è impossibile piacerGli, perché chi si accosta a Dio deve credere che Egli è, e che Egli è il rimuneratore di quelli che Lo cercano."* Dio è chiaro ed esplicito, per piacerGli, dobbiamo possedere la fede vera.

Nulla è impossibile se hai la fede perfetta, perché essa è il fondamento di una buona vita cristiana e la chiave per le risposte e le benedizioni di Dio. Eppure, sono ancora molte le persone che non godono delle Sue benedizioni e non ricevono la salvezza perché non conoscono o non possiedono la vera fede.

La Fede è Certezza di Cose che si Sperano, Dimostrazione di Cose che Non si Vedono

Qual è dunque la fede che Dio accetta? Il dizionario The Webster's New World College definisce "fede" come "credo incontestabile che non richiede prove o evidenze; credo indiscusso in Dio, nei dogmi religiosi, ecc;" dal greco pistis, significa "essere fermo o fedele." In Ebrei 11:1, la fede è definita come segue: *"Or la fede è certezza di cose che si sperano, dimostrazione di cose che non si vedono."*

"Certezza di cose che si sperano," in riferimento a ciò che speriamo succeda avendo la sicurezza di chi ne ha già ricevuto la realizzazione. Per esempio, cos'è che desidera di più al mondo una persona ammalata che patisce un grande dolore? Naturalmente il suo desiderio è quello di guarire dalla malattia e recuperare la salute. Questa persona dovrebbe avere abbastanza fede per essere sicura della sua riabilitazione. In altre parole, la buona salute diventa una realtà se la persona in questione possiede la fede perfetta.

"Dimostrazione di cose che non si vedono" in riferimento ad elementi e questioni per le quali, attraverso la fede spirituale, siamo certi che si manifesteranno anche nella realtà oggettiva dalla sfera in cui non tutto è visibile ai nostri occhi.

La fede, quindi, ci abilita a credere che Dio può creare qualcosa dal nulla. I patriarchi della fede ricevettero attraverso di essa la "certezza delle cose che speravano" nella realtà, la "dimostrazione delle cose che non vedevano" come oggetti ed eventi tangibili. In questo modo, essi sperimentarono il potere di Dio che crea qualsiasi cosa dal nulla.

Alla stregua dei patriarchi della fede, chiunque creda che Dio origina ogni cosa dal nulla, può anche credere che nel principio Egli creò tutte le cose, i cieli e la terra, attraverso la Sua parola. È vero che non esistono testimoni oculari della fondazione del cielo e della terra, in quanto è successo prima che l'uomo fosse creato, ma le persone di fede non dubitano mai che Dio abbia prodotto ogni cosa dal nulla proprio perché credono.

Per questo Ebrei 11:3 ci ricorda *"Per fede intendiamo che l'universo è stato formato per mezzo della parola di Dio, sì che le cose che si vedono non vennero all'esistenza da cose apparenti."* Quando Dio disse *"Sia la luce,"* la luce venne all'esistenza (Genesi 1:3). Quando Dio disse *"Faccia la terra germogliare la verdura, le erbe che facciano seme e gli alberi da frutto che portino sulla terra un frutto contenente il proprio seme, ciascuno secondo la propria specie"* ogni cosa prese forma e consistenza così come Dio aveva comandato (Genesi 1:11).

Tutto ciò che vediamo con i nostri occhi, dalle cose più piccole fino all'intero universo, non è stato originato da materia visibile. Nondimeno, molti pensano che tutto abbia avuto origine e forma dalla materia visibile e non credono che Dio ha creato ogni cosa dal nulla. Queste persone non sanno, non hanno mai avuto modo di vedere e sentire che, invece, tutto è stato originato dal niente.

L'ubbidienza è l'evidenza della fede

Per sperare che l'impossibile diventi realtà, bisogna possedere la fede in cui Dio si compiace. In altre parole, occorre mostrare l'evidenza dell'ubbidienza alla parola di Dio che proviene dalla fiducia che si ha in essa. Ebrei 11:4-7 elenca i padri della fede dichiarandoli giusti proprio per mezzo della fede che possedevano, in quanto dimostrarono apparenti evidenze della loro fede: Abele fu dichiarato uomo giusto perché offrì un sacrificio di sangue che era accettato da Dio; Enoch fu dichiarato uomo amato da Dio perché diventò completamente santificato; Noè divenne l'erede della giustizia perché costruì l'arca della salvezza per fede.

Esaminiamo la storia di Caino ed Abele in Genesi 4:1-15, per capire la vera fede che Dio accetta. Caino ed Abele sono i figli che Adamo ed Eva hanno avuto sulla terra, dopo essere stati cacciati dal Giardino dell'Eden a causa della loro disubbidienza al comando di Dio *"Dell'albero della conoscenza del bene e del male non ne mangiare"* (Genesi 2:16-17).

Adamo ed Eva si pentirono della loro disubbidienza, anche perché iniziarono a sperimentare la fatica, il sudore della fronte ed il più grande dolore sulla terra maledetta, che è quello del parto. I due insegnarono diligentemente l'importanza dell'obbedienza ai loro bambini; avranno certamente insegnato loro a vivere dalla parola di Dio, enfatizzando il fatto che non dovevano disubbidire mai ai Suoi comandi.

Di certo avranno anche addestrato loro come prendere un animale a mo' di offerta da sacrificare a Dio per il perdono dei loro peccati. Caino ed Abele certamente sapevano che Dio richiedeva un sacrificio di sangue per il perdono dei peccati.

Col passare del tempo Caino tradì l'Eterno, proprio come sua madre Eva aveva disubbidito alla Sua parola. Essendo un coltivatore, egli portò a Dio un'offerta dalla terra che aveva lavorato. Abele, invece, era un pastore ed offrì il primogenito del suo gregge ed il suo grasso, proprio secondo quello che Dio aveva comandato attraverso i suoi genitori. Dio accettò il sacrificio di Abele ma non quello di Caino, perché disubbidì al Suo comando; di conseguenza, Abele fu dichiarato uomo giusto (Ebrei 11:4). La storia di Caino ed Abele c'insegna che Dio ha fiducia di noi e ci approva tanto quanto noi abbiamo fiducia nella Sua parola e la ubbidiamo. Le storie di Mosè ed Enoch testimoniano proprio questo.

L'evidenza della fede sta nelle azioni di obbedienza. Perciò, dobbiamo ricordarci che Dio ci approva e ci rassicura quando gli mostriamo l'evidenza della nostra fede agendo in ubbidienza alla Parola e cercando di farlo in ogni circostanza.

La fede porta risposte e benedizioni

In questo modo si dovrebbe seguire la via della parola di Dio, così da cominciare con "le cose che si sperano" e per fede raggiungere la "dimostrazione delle cose sperate." Se non si seguono le vie di Dio, così come Caino che andò fuori strada, secondo la legge del regno spirituale, non si possono ricevere risposte e benedizioni dall'Eterno.

Ebrei 11:8-19 parla nei dettagli di Abrahamo, che dimostrò i suoi atti di obbedienza alla parola divina come evidenza della sua fede: lasciò il suo paese per fede, come Dio gli aveva comandato; quando Dio gli chiese in sacrificio il suo unico amato figlio Isacco, che il Signore stesso gli aveva concesso all'età di 100 anni, egli ubbidì immediatamente perché sapeva che Egli sarebbe stato capace di risuscitare suo figlio dalla morte. Ad Abrahamo furono elargite grandi benedizioni e risposte da Dio perché la sua fede fu provata con azioni di obbedienza:

> *"L'Angelo dell'Eterno chiamò dal cielo Abrahamo una seconda volta e disse: 'Io giuro per me stesso, dice l'Eterno, poiché tu hai fatto questo e non hai risparmiato tuo figlio, l'unico tuo figlio, io certo ti benedirò grandemente e moltiplicherò la tua discendenza come le stelle del cielo e come la sabbia che è sul lido del mare; e la tua discendenza possederà la porta dei suoi nemici. E tutte le nazioni della terra saranno benedette nella tua discendenza, perché tu hai ubbidito alla mia voce'"* (Genesi 22:15-18).

Leggiamo in Genesi 24:1 che *"Abrahamo era ormai vecchio e di età avanzata; e l'Eterno aveva benedetto Abrahamo in ogni cosa."* Giacomo 2:23 ci ricorda anche *"Così si adempì la Scrittura, che dice: 'Or Abrahamo credette a Dio, e ciò gli fu*

imputato a giustizia;' e fu chiamato amico di Dio," ed ancora
di più fu grandemente benedetto in ogni modo perché ebbe
fiducia in Dio e Gli rilasciò tutto, perché Egli controlla tutto
della vita e della morte, benedizioni e maledizioni. Allo stesso
modo, comprendendo la definizione corretta della fede e
dimostrandone l'evidenza con azioni di perfetta obbedienza, così
come Abrahamo ha fatto molte volte, noi altresì, potremo
godere le benedizioni di Dio in tutte le nostre vie e ricevere
risposte a qualunque cosa chiediamo.

2. La Potenza della fede non conosce Limiti

Puoi avere comunione con Dio per fede perché essa è come la
prima porta del regno spirituale nella quarta dimensione.
Solamente dopo essere passato per la prima le tue orecchie ed I
tuoi occhi spirituali saranno aperti, così da poter sentire la parola
di Dio e vedere il regno spirituale.

Di conseguenza vivrai dalla parola di Dio, riceverai
qualunque cosa chiedi con fede e vivrai gioiosamente con la
speranza del regno dei cieli. Inoltre, quando il tuo cuore viene
riempito di gioia e ringraziamento e quando la speranza del cielo
trabocca nella tua vita, amerai Dio al di sopra di ogni cosa e Egli
si compiacerà di te.

Allora il mondo non sarà più degno di te e della tua fede,
perché non solo diventerai un testimone del Signore con il
potere dello Spirito Santo, ma sarai anche fedele fino alla morte
ed amerai Dio con tutta la tua vita come fu per l'apostolo Paolo.

Il mondo non è degno della potenza della fede

Nel descrivere il potere della fede, Ebrei 11:32-38 illustra la fede dei patriarchi:

> *E che dirò di più? Infatti mi mancherebbe il tempo se volessi raccontare di Gedeone, di Barak, di Sansone, di Iefte, di Davide, di Samuele e dei profeti, i quali per fede vinsero regni, praticarono la giustizia, conseguirono le promesse, turarono le gole dei leoni, spensero la forza del fuoco, scamparono al taglio della spada, trassero forza dalla debolezza, divennero forti in guerra, misero in fuga gli eserciti stranieri. Le donne riebbero per risurrezione i loro morti altri invece furono distesi sulla ruota e martoriati, non accettando la liberazione, per ottenere una migliore risurrezione. Altri ancora subirono scherni e flagelli, e anche catene e prigionia. Furono lapidati, segati, tentati, morirono uccisi di spada, andarono in giro coperti di pelli di pecora e di capra, bisognosi, afflitti, maltrattati (il mondo non era degno di loro), erranti per deserti e monti, in spelonche e grotte della terra.*

Persone della cui fede il mondo non è degno non solo possono abbandonare i loro onori e le loro ricchezze terrene, ma anche la loro stessa vita. Come dice 1 Giovanni 4:18 *"Nell'amore non c'è paura, anzi l'amore perfetto caccia via la paura, perché la paura ha a che fare con la punizione, e chi ha paura non è perfetto nell'amore,"* la paura andrà via da te a seconda della misura del tuo amore.

Quello che è impossibile per la forza umana diviene possibile con la potenza di Dio. Uno dei Suoi profeti, Elia, ha testimoniato dell'Iddio vivente facendo scendere il fuoco dal cielo. Eliseo salvò il suo paese scoprendo, per l'inspirazione dello Spirito Santo, dov'era collocato il campo del nemico. Daniele è sopravvissuto in una fossa piena di leoni affamati.

Nel Nuovo Testamento ci sono state molte persone che rinunciarono alla propria vita per il vangelo di Dio. Giacomo, uno dei dodici discepoli del nostro Signore Gesù, diventò il primo martire fra loro, e fu ucciso con una spada. Pietro, il discepolo principale di Gesù Cristo, fu crocifisso a rovescio. Nel suo grande amore per il Signore, l'apostolo Paolo era gioioso e grato a Dio anche nella cella di una prigione, nonostante fu quasi ucciso e picchiato molte volte. Alla fine fu decapitato e divenne un grande martire per il Signore.

Inoltre, numerosi cristiani furono divorati dai leoni nel Colosseo, a Roma, oppure furono obbligati a vivere in catacombe senza mai vedere la luce del sole fino al giorno della morte, a causa della severa persecuzione dell'Impero Romano. L'apostolo Paolo si teneva stretto alla sua fede in ogni circostanza e vinse sul mondo con grande fede, per questo poteva dichiarare: *"Chi ci separerà dall'amore di Cristo? Sarà l'afflizione, o la distretta, o la persecuzione, o la fame, o la nudità, o il pericolo, o la spada?"* (Romani 8:35)

La fede è la risposta a qualsiasi problema

C'è stata un'occasione in cui Gesù vide la fede di un paralitico ed i suoi amici; in Marco 2 disse *"Figliolo, i tuoi peccati ti sono perdonati!"* (v. 5) ed il paralitico fu immediatamente guarito. Quando il popolo sentì che Gesù era a Capernaum, in molti si radunarono dove Egli stava e non c'era più posto, neanche fuori dalla porta. Il paralitico, portato da quattro suoi amici, non poteva incontrare Gesù a causa della folla e così essi fecero un'apertura nel tetto da cui calarono la stuoia sulla quale stava il loro amico paralizzato. Gesù considerò questa azione come l'evidenza della loro fede e perdonò il paralitico dai suoi peccati, dicendo *"Figliolo, i tuoi peccati ti sono perdonati!"* (v. 5).

Nonostante tutto, alcuni insegnanti della legge che sedevano là erano scettici e pensarono in se stessi *"Perché mai costui parla in questo modo? Egli bestemmia. Chi può perdonare i peccati, se non Dio solo?"* (v. 7) A loro Gesù disse:

> *"Ma Gesù, avendo subito conosciuto nel suo spirito che ragionavano queste cose dentro di sé, disse loro: Perché ragionate voi queste cose nei vostri cuori? Che cosa è più facile dire al paralitico: 'I tuoi peccati ti sono perdonati'" oppure dire: "Alzati, prendi il tuo lettuccio e cammina"* (Marco 2:8-9).

Poi Gesù comandò al paralitico *"Alzati, prendi il tuo lettuccio e vattene a casa tua"* (v. 11). L'uomo, che era paralizzato, si alzò, raccolsero la sua stuoia ed uscì da quella casa davanti gli occhi di tutti, e questo li portò a lodare Dio dicendo *"Non abbiamo mai visto nulla di simile!"* (v. 12)

Questa storia ci fa capire che tutti i problemi della vita possono essere risolti quando, con fede, siamo perdonati dai nostri peccati. Questo è possibile perché circa duemila anni fa, Gesù, il nostro Salvatore, aprì la via della salvezza riscattandoci da qualunque tipo di problema la vita potrebbe presentarci, dal peccato, dalla morte, dalla povertà, dalle malattie e da tutto il resto (per sapere di più su questo argomento, potete leggere il libro *"Il Messaggio della Croce"*).

Puoi ricevere qualunque cosa chiedi se hai ricevuto il perdono dei tuoi peccati per non avere vissuto secondo la parola di Dio, come promesso in 1 Giovanni 3:21-22: *"Carissimi, se il nostro cuore non ci condanna, abbiamo fiducia davanti a Dio e qualunque cosa chiediamo, la riceviamo da lui, perché osserviamo i suoi comandamenti e facciamo le cose che gli sono gradite."* Solo così, quel muro di peccato che ci separava da Dio viene frantumato e possiamo chiedere coraggiosamente e ricevere qualsiasi cosa.

Per questo in Matteo 6, Gesù ha enfatizzato che non dovresti preoccuparti di quello che indosserai, di quello che mangerai e di dove vivrai, ma piuttosto devi cercare prima di tutto la giustizia di Dio ed il Suo regno:

Perciò io vi dico: Non siate con ansietà solleciti per la vostra vita, di quello che mangerete o berrete, né per il vostro corpo, di che vi vestirete. La vita non vale più del cibo e il corpo più del vestito? Osservate gli uccelli del cielo: essi non seminano non mietono e non raccolgono in granai; eppure il Padre vostro celeste li nutre. Non valete voi molto più di loro? E chi di voi, con la sua sollecitudine, può aggiungere alla sua statura un solo cubito? Perché siete in ansietà intorno al vestire? Considerate come crescono i gigli della campagna: essi non faticano e non filano; eppure io vi dico, che Salomone stesso, con tutta la sua gloria, non fu vestito come uno di loro. Ora se Dio riveste in questa maniera l'erba dei campi, che oggi è e domani è gettata nel forno, quanto più vestirà voi o uomini di poca fede? Non siate dunque in ansietà, dicendo: "Che mangeremo, o che berremo, o di che ci vestiremo?" Poiché sono i gentili quelli che cercano tutte queste cose, il Padre vostro celeste, infatti, sa che avete bisogno di tutte queste cose. Ma cercate prima il regno di Dio e la sua giustizia, e tutte queste cose vi saranno sopraggiunte (Matteo 6:25-33).

Se credi veramente nella parola di Dio, cercherai prima il Suo regno e la Sua giustizia. Le promesse di Dio sono affidabili come gli assegni circolari. Egli di provvederà tutte le cose di cui hai bisogno secondo la sua promessa, così che non solo avrai la salvezza e la vita eterna ma potrai anche prosperare in qualunque cosa farai in questa vita.

La fede controlla anche i fenomeni naturali

Attraverso Matteo 8:23-27, impariamo che la potenza della fede ci protegge da qualsiasi clima e condizione pericolosa. Non solo, attraverso la fede siamo abilitati a controllarli. E' davvero tutto possibile con la fede.

Ed essendo egli salito nella barca, i suoi discepoli lo seguirono. Ed ecco sollevarsi in mare una tempesta così violenta, che la barca era coperta dalle onde. Or egli dormiva. E i suoi discepoli, accostatisi, lo svegliarono dicendo: "Signore salvaci, noi periamo!" Ma egli disse loro: "Perché avete paura, uomini di poca fede?" E, alzatosi, sgridò i venti e il mare, e si fece gran bonaccia. Allora gli uomini si meravigliarono, e dicevano: "Chi è costui, al quale anche il mare e i venti ubbidiscono?"

Questa storia ci dimostra che non dobbiamo temere alcun temporale o nessuna tempesta, ma che possiamo controllare anche i fenomeni naturali se se solo abbiamo fede. Se dobbiamo sperimentare la potente forza della fede, che può controllare il tempo ed il clima, dobbiamo raggiungere la stessa pienezza di fede che aveva Gesù, con la quale tutto è possibile. Ecco perché Ebrei 10:22 ci ricorda, *"Accostiamoci con cuore sincero, in piena certezza di fede, avendo i cuori aspersi per purificarli da una cattiva coscienza e il corpo lavato con acqua pura."*

La Bibbia dice che possiamo ricevere risposte a qualunque cosa chiediamo, e che faremo opere più grandi di quelle che Gesù ha fatto, se abbiamo la piena certezza di fede.

"In verità, in verità vi dico: chi crede in me farà anch'egli le opere che io faccio; anzi ne farà di più grandi di queste, perché io vado al Padre. E

qualunque cosa chiederete nel nome mio la farò,
affinché il Padre sia glorificato nel Figlio" (Giovanni
14:12-13).

Bisogna capire che la potenza della fede è molto vasta e
raggiunge il livello che Dio richiede ed ama. Solamente così
arriverai al punto di ricevere risposte a qualunque cosa hai
chiesto, ma anche di mandare ad effetto opere più grandi di
quelle compiute da Gesù.

3. Fede carnale e fede spirituale

Quando Gesù disse al centurione che accorse a Lui con fede
"Va' e ti sia fatto come hai creduto!" il servo del centurione fu
immediatamente guarito (Matteo 8:13). In questo modo la vera
fede è stata seguita naturalmente dalle risposte di Dio. Ma allora,
perché molte persone non riescono a ricevere risposte alla loro
preghiera, anche se dicono di credere in Dio?

Perché la fede spirituale, per mezzo della quale si ha
comunione con Dio e si ricevono le Sue risposte, è ben diversa
dalla fede carnale, attraverso la quale non puoi ricevere nessuna
risposta perché non ha niente a che fare con Dio. Esaminiamo
dunque le differenze tra i due tipi di fede.

La fede carnale si fonda sulla conoscenza

L'espressione "fede carnale" si riferisce a quel tipo di fede per
cui si crede in qualcosa perché è visibile con i propri occhi, ed è

in accordo sia con ciò che si conosce che con il proprio buon senso. Questo genere di fede è spesso chiamato "fede da conoscenza" o "fede conforme alla ragione."

Per esempio: non solo chi ha assistito al processo di costruzione di una scrivania di legno, ma anche chi ne ha sentito parlare, crederà indubbiamente alla dichiarazione che "quella scrivania è fatta di legno." Chiunque può avere questo tipo di fede, perché si fonda sul principio che qualsiasi cosa possa essere creata da qualcos'altro, vale a dire che tutto ciò che vediamo prende origine esclusivamente da altre cose visibili.

Da quando nasciamo immagazziniamo informazioni nel sistema di memoria del cervello; memorizziamo ciò che vediamo, ascoltiamo ed impariamo dai nostri genitori, fratelli, vicini di casa e a scuola, utilizzando la conoscenza fissata nella nostra memoria quando ne abbiamo bisogno.

Fra queste nozioni di conoscenza immagazzinata, ci sono molte falsità che sono contro la parola di Dio. La Sua parola è la verità che non cambierà mai, mentre la maggior parte della nostra conoscenza si forma da menzogne che cambiano col passare del tempo. Ciononostante, si tende a considerare la falsità come verità, perché non sappiamo esattamente che cos'è la verità. Per esempio, si ritiene valida la teoria dell'evoluzione perché questo è ciò che insegnano a scuola. Di conseguenza nessuno crede più che le cose possono essere create dal nulla.

La fede carnale è fede morta senza opere

Prima di tutto, le persone che hanno la fede carnale non possono accettare che Dio abbia creato tutto ciò che vediamo dal

niente, sebbene la maggior parte di esse frequenti una chiesa ed
abbia ascoltato la parola di Dio. Purtroppo la conoscenza che gli
uomini accumulano dal momento stesso della loro nascita, si
fonda su basi contrarie alla Sua Parola. Non riescono a credere
nei miracoli riportati nella Bibbia; confidano nella parola di Dio
solo quando sono pieni dello Spirito Santo e della grazia, ma
ricominciano a dubitarne se perdono quella grazia, arrivando a
pensare addirittura che le risposte ricevute dall'alto siano arrivate
loro per caso.

Di conseguenza, le persone con la fede carnale vivono dei
grandi conflitti interni ed anche se con le labbra dicono di
credere, non lo dichiarano col cuore, non hanno comunione con
Dio e non sono amati da Lui perché non vivono secondo la Sua
parola.

Ecco un esempio. Umanamente sembra giusto vendicarsi dei
propri nemici, ma la Bibbia ci insegna ad amare chi ci detesta e a
porgere l'altra guancia quando qualcuno ci colpisce. Un
individuo che possiede la fede carnale, per sentirsi soddisfatto,
dovrà rispondere al colpo quando viene ferito. Avendo vissuto
così per tutta la vita, è molto più facile odiare, invidiare ed essere
gelosi degli altri. In questo modo diventa difficile e gravoso
vivere secondo la parola di Dio, in gratitudine e in gioia, perché
questi elementi non appartengono alla struttura dei pensieri
carnali.

Come leggiamo in Giacomo 2:26 *"Infatti, come il corpo
senza lo spirito è morto, così anche la fede senza le opere è
morta,"* la fede carnale è morta perché è priva di azione. Le
persone con la fede carnale non possono ricevere né la salvezza
né le risposte di Dio. A questo proposito Gesù dice *"Non*

chiunque mi dice: 'Signore, Signore' entrerà nel regno dei cieli; ma chi fa la volontà del Padre mio che è nei cieli" (Matteo 7:21).

Dio accetta la fede spirituale

Quando si crede anche senza vedere con gli occhi materiali, e anche quando qualcosa non è in accordo con la propria conoscenza o la propria struttura di pensiero, ecco che possediamo la vera fede. È credere che Dio ha creato ogni cosa dal nulla.

Chi padroneggia la fede spirituale crede senza alcun dubbio che Dio creò i cieli e la terra attraverso la Sua Parola e formò l'uomo dalla polvere terrena. La fede spirituale non è qualcosa che si può avere solo perché la si vuole, ma è donata da Dio. Coloro che la possiedono, credono senza dubbio ai miracoli descritti nella Bibbia, quindi non è difficile per loro per vivere secondo parola di Dio, e ricevere le risposte a qualsiasi cosa chiedano con fede.

Dio accetta la fede spirituale accompagnata da opere e attraverso di essa si può essere salvati, andare in cielo e ricevere le risposte alle preghiere.

La fede spirituale è "fede viva" accompagnata da opere

Quando si padroneggia la fede spirituale, Dio ti accetta e garantisce risposte e benedizioni nella tua vita. Per esempio, supponiamo che ci siano due coltivatori che lavorano la terra del loro padrone. Nella stessa condizione, uno raccoglie cinque borse di riso e l'altro tre. Per quale dei due coltivatori il padrone sarà più soddisfatto? Naturalmente il coltivatore con cinque borse di riso sarà più favorito ed il padrone si compiacerà di più in lui.

I due coltivatori raccolgono differentemente nella stessa terra secondo il lavoro fatto. Il coltivatore che ha raccolto cinque borse di riso, deve aver diligentemente ripulito il terreno dalle erbacce e innaffiato frequentemente, faticando molto. Al contrario, l'altro coltivatore ha raccolto non più di tre borse di riso perché sarà stato pigro ed avrà trascurato il suo lavoro.

Dio giudica ogni persona secondo i frutti; solamente quando dimostri la tua fede con le opere Egli vedrà la fede spirituale in te e ti benedirà.

Nella notte in cui Gesù fu arrestato, uno dei Suoi discepoli, Pietro, gli disse *"Quand'anche tutti si scandalizzassero per causa tua, io non mi scandalizzerò mai!"* (Matteo 26:33) Eppure Gesù gli rispose *"In verità ti dico che questa stessa notte, prima che il gallo canti, tu mi rinnegherai tre volte"* (v. 34). Pietro parlò con tutto il cuore, ma Gesù sapeva che egli Lo avrebbe tradito nel momento in cui la sua vita sarebbe stata minacciata.

Pietro non aveva ancora ricevuto lo Spirito Santo e quando si trovò in pericolo di vita, dopo l'arresto del suo Signore, Lo rinnegò per tre volte. Ciononostante il discepolo fu completamente trasformato dopo aver ricevuto lo Spirito Santo. La sua "fede per conoscenza" fu cambiata in "fede spirituale" e divenne un apostolo con la potenza della predicazione coraggiosa del vangelo. Percorse il cammino della giustizia finché fu crocifisso a rovescio.

Con la fede spirituale anche tu sarai capace di confidare in

Dio ed obbedirGli in ogni situazione. Per possedere la fede spirituale bisogna sforzarsi di rispettare completamente la parola di Dio ed ottenere un cuore fermo. Vivendo una vita di fede spirituale accompagnata dalle opere, potrai ricevere la salvezza e la vita eterna, potrai diventare un uomo della verità perfetta e potrai godere di benedizioni meravigliose sia nello spirito che nel corpo.

Comunque con la fede carnale, morta e senza opere, non potrai ricevere né la salvezza né le risposte di Dio a prescindere da quanto cerchi di farcela con le tue forze e da quanto tempo frequenti la chiesa.

4. Possedere la fede spirituale

Ma è possibile trasformare la fede carnale in fede spirituale? E come mutare "le cose che si sperano" in realtà e "le cose che non si vedono" in evidenza visibile? Cosa si deve fare per avere la fede?

Liberarsi dei pensieri e delle teorie umane

Molta della conoscenza che hai ricevuto dalla nascita ti impedisce di raggiungere la fede spirituale perché è contro la parola di Dio. Per esempio, una teoria come quella dell'evoluzione nega la creazione dell'universo da parte di Dio. Di conseguenza, chi è favorevole all'evoluzione non può credere che Dio possa creare qualcosa dal nulla. Come potrebbero altrimenti credere che *"Nel principio DIO creò i cieli e la terra"* (Genesi 1:1)?

Così, per possedere la fede spirituale devi demolire tutti i pensieri e tutte le teorie che sono contrarie alla parola di Dio, come, ad esempio, quelle sull'evoluzione che impediscono di credere alla sua Parola. Se non ti liberi di questi pensieri e di queste teorie, non potrai credere alla parola di Dio scritta nella Bibbia neanche se ci provi o se vai diligentemente in chiesa e frequenti i servizi di adorazione.

Ecco perché molte persone si sono allontanate dalla via della salvezza e non ricevono le risposte di Dio alle loro preghiere, pur frequentando una chiesa regolarmente.

L'apostolo Paolo aveva solamente la fede carnale prima che di incontrare il Signore Gesù in una visione sulla via che portava alla città di Damasco. Egli non aveva riconosciuto Gesù come il Salvatore di tutti gli uomini, ma imprigionava e perseguitava molti Cristiani.

Per questo dovresti rimuovere qualsiasi tipo di pensiero e teoria che è contro la parola di Dio, per far si che la tua fede carnale sia trasformata in fede spirituale. Attraverso l'apostolo Paolo Dio ci ricorda quanto segue:

Perché le armi della nostra guerra non sono carnali, ma potenti in Dio a distruggere le fortezze, affinché distruggiamo le argomentazioni ed ogni altezza che si eleva contro la conoscenza di Dio e rendiamo sottomesso ogni pensiero all'ubbidienza di Cristo, e siamo pronti a punire qualsiasi disubbidienza, quando la vostra ubbidienza sarà perfetta (2 Corinzi 10:4-6).

Paolo divenne un grande predicatore del vangelo solamente dopo aver posseduto la fede spirituale, solo dopo aver demolito ogni suo pensiero, teoria ed argomentazione che erano contro Dio. Egli assunse la direzione per l'evangelizzare dei Gentili e divenne una pietra miliare della missione mondiale. Alla fine, Paolo fu capace di fare questa coraggiosissima confessione:

Ma le cose che mi erano guadagno, le ho ritenute una perdita per Cristo. Anzi, ritengo anche tutte queste cose essere una perdita di fronte all'eccellenza della conoscenza di Cristo Gesù mio Signore, per il quale ho perso tutte queste cose e le ritengo come tanta spazzatura per guadagnare Cristo, e per essere trovato in Lui, avendo non già la mia giustizia che deriva dalla legge, ma quella che deriva dalla fede di Cristo: giustizia che proviene da Dio mediante la fede (Filippesi 3:7-9).

Imparare la parola di Dio con bramosia

Romani 10:17 insegna che *"La fede dunque viene dall'udire, e l'udire viene dalla parola di Dio."* Bisogna ascoltare la parola di Dio ed impararla perché se non si conosce la Parola di Dio non si può vivere da essa. Se non si mette in pratica la parola di Dio, ma la si lascia immagazzinata solamente come conoscenza, Egli non ci può dare la fede spirituale perché potremmo divenire orgogliosi della nostra propria conoscenza.

Supponiamo che ci sia una ragazza che spera di diventare una pianista famosa: non importa quante volte leggerà i metodi o imparerà la teoria, se non studia suonando non potrà mai diventare una grande pianista. Allo stesso modo, a meno che non si ubbidisce alla parola di Dio è inutile leggerla, ascoltarla e impararla. Possiamo avere la fede spirituale soltanto quando agiamo dalla parola di Dio.

Ubbidire alla parola di Dio

Quindi bisogna credere nell'Iddio vivente ed agire seconda la Sua parola in ogni circostanza. Se dopo averla ascoltata credi alla Parola senza alcun dubbio, ubbidire diverrà spontaneo. Di conseguenza avrai certezza nel cuore, perché la parola di Dio viene compiuta nella realtà, e ti sforzerai di vivere ancora di più secondo la sua Parola.

Rivivendo questo processo puoi ricevere la fede che ti porta ad ubbidire pienamente alla Parola: la grazia e la forza di Dio verranno su te, sarai riempito di Spirito Santo e tutto andrà bene.

Durante il tempo dell'Esodo erano almeno seicento mila gli israeliti dai 20 anni in su, ma alla fine, soltanto due di quella generazione – Giosuè e Caleb – entrarono nella Terra Promessa, in Canaan. Nessun altro, infatti, si fidò della promessa di Dio col cuore, nessun altro gli ubbidì.

In Numeri 14:11 il Signore disse a Mosè *"Fino a quando mi disprezzerà questo popolo? E Fino a quando rifiuteranno di credere dopo tutti i miracoli che ho operato in mezzo a loro?"*

Conoscevano bene Dio e, proprio perché erano stati testimoni della Sua potenza, delle dieci piaghe sull'Egitto e della divisione del Mare Rosso, della guida di Dio e della Sua presenza sotto forma di colonna di fuoco la notte e di una nuvola durante il giorno, non ultimo della manna che ogni giorno gli veniva provveduta dal cielo, ritenevano di essere un popolo che credeva!

Nondimeno, quando Dio comandò loro di entrare nella terra di Canaan, non Gli ubbidirono, perché erano troppo impauriti dai Cananei. Si lamentarono e si contrapposero a Mosè e ad Aronne, perché non avevano la fede spirituale per ubbidire, ma solo quella carnale, nonostante avessero visto e sentito molte volte le opere miracolose della potenza di Dio.

Per possedere la fede spirituale devi ubbidire a Dio e alla Sua parola, sempre. Gli ubbidirai solo se Lo ami veramente, ed allora Egli risponderà alla tua preghiera e ti guiderà verso la vita eterna.

Romani 10:9-10 ci ricorda che *"Poiché se confessi con la tua bocca il Signore Gesù, e credi nel tuo cuore che Dio lo ha risuscitato dai morti, sarai salvato. Col cuore infatti si crede per ottenere giustizia e con la bocca si fa confessione, per ottenere salvezza."*

"Credere nel tuo cuore" non si riferisce alla fede come conoscenza, ma alla fede spirituale con la quale si crede a qualcosa col cuore e senza alcun dubbio. Coloro che credono alla parola di Dio col cuore ubbidiscono, agiscono in giustizia e gradualmente assomigliano sempre di più al Signore. La loro confessione "Io credo nel Signore" è vera, e così ricevono la salvezza.

Che tu possa possedere la fede spirituale accompagnata dalle opere per ubbidire alla parola di Dio, nel nome del Signore, ti benedico! In questo modo potrai compiacergli e godere di una vita piena della Sua potenza, attraverso la quale tutto è possibile.

Capitolo 2

Crescita della Fede Spirituale

*Figlioletti, vi scrivo perché
i vostri peccati vi sono perdonati per mezzo del suo nome.
Padri vi scrivo perché avete conosciuto colui che è dal principio.
Giovani, vi scrivo perché avete vinto il maligno.
Figlioletti, vi scrivo perché avete conosciuto il Padre.
Padri, vi ho scritto perché avete conosciuto colui che è dal principio.
Giovani, vi ho scritto perché siete forti e la parola di Dio dimora in voi,
e perché avete vinto il maligno.*

(1 Giovanni 2:12-14)

Se hai la fede spirituale potrai godere dei diritti e delle benedizioni riservate ai figli di Dio. Non solo riceverai la salvezza ed andrai in cielo, ma otterrai anche le risposte a qualunque cosa chiederai. Quando hai la fede che piace a Dio, dimostrata attraverso l'ubbidienza alla Sua Parola, tutte le cose saranno possibili con essa.

Ecco perché Gesù ci dice in Marco 16:17-18 *"E questi sono i segni che accompagneranno quelli che hanno creduto: nel mio nome scacceranno i demoni, parleranno nuove lingue; prenderanno in mano dei serpenti anche se berranno qualcosa di mortifero, non farà loro alcun male; imporranno le mani agli infermi, e questi guariranno."*

Un piccolo seme di senape diventa un grande albero

Quando vide che erano incapaci di cacciare i demoni; Gesù rimproverò i suoi discepoli dicendo loro che avevano una fede piccola, non solo, disse loro che tutto è possibile con una fede piccola come un seme di senape. Lo ripete anche in Matteo 17:20 *"A causa della vostra poca fede; perché in verità io vi dico: se avete fede quanto un granello di senape, potrete dire a questo monte: 'Passa da qui a là,' e passerà; e niente vi sarà impossibile"* (Nuova Riveduta).

Un seme di senape è piccolo come il puntino che lascia una

penna a sfera sulla carta. Nondimeno, con una fede così piccola, puoi spostare una montagna da un luogo ad un altro e tutto diventa possibile.

Hai una fede piccola come un granello di senape? Una montagna si muove da un posto all'altro al tuo comando? Ti sono possibili tutte le cose? Siccome è impossibile capire appieno il significato di questo passaggio senza comprenderne pienamente il suo significato spirituale, analizziamo più a fondo la parabola del seme di senape che Gesù ha raccontato:

> *"Egli propose loro un'altra parabola, dicendo: Il regno dei cieli è simile a un granello di senape che un uomo prende e semina nel suo campo. Esso è certamente il più piccolo di tutti i semi, ma una volta cresciuto è il più grande di tutte le erbe e diventa un albero, tanto che gli uccelli del cielo vengono a ripararsi tra i suoi rami"* (Matteo 13:31-32).

Un seme di senape è più piccolo di qualsiasi altro seme, ma quando cresce e diventa un grande albero molti uccelli vanno posarsi nei suoi rami. Gesù usò la parabola del seme di senape per insegnarci che anche noi possiamo spostare le montagne e che tutte le cose sono possibili se la nostra piccola fede matura. I discepoli di Gesù avrebbero dovuto possedere una grande fede, quella con la quale tutto è possibile, perché essi erano stati per molto tempo con Lui ed avevano visto in maniera diretta molte opere meravigliose di Dio. Ma proprio perché non l'avevano, Gesù li richiamò.

La misura intera della fede

Una volta che hai ricevuto lo Spirito Santo e hai raggiunto la fede spirituale, la tua fede dovrebbe maturare fino a raggiungere misura intera (cioè quella che rende possibile tutte le cose). Dio desidera che tu riceva risposte a qualunque cosa chiedi attraverso la crescita della tua fede.

Efesini 4:13-15 ci ricorda quanto segue: *"...finché giungiamo tutti all" unità della fede e della conoscenza del Figlio di Dio a un uomo perfetto, alla misura della statura della pienezza di Cristo affinché non siamo più bambini sballottati e trasportati da ogni vento di dottrina, per la frode degli uomini, per la loro astuzia, mediante gli inganni dell"errore, ma dicendo la verità con amore, cresciamo in ogni cosa verso colui che è il capo, cioè Cristo."*

È naturale che un neonato venga registrato all'anagrafe del luogo in cui è nato, e che conforme all'ordine della natura, egli cresca, diventi bambino e poi giovane. E' altresì pienamente prevedibile che al momento giusto si sposi, abbia dei figli e diventi genitore.

Allo stesso modo, se sei un figlio di Dio attraverso Gesù Cristo ed il tuo nome è registrato nel Libro della Vita del regno dei cieli, la tua fede dovrebbe crescere e progredire da quella di neonato a quella di bambino, poi giovane e giorno per giorno raggiungere la fede dei padri.

Per questo 1 Corinzi 3:2-3 insegna *"Vi ho dato da bere del latte, e non vi ho dato del cibo solido, perché non eravate in grado di assimilarlo, anzi non lo siete neppure ora, perché siete ancora carnali. Infatti, poiché fra voi vi è invidia, dispute e divisioni, non siete voi carnali e non camminate secondo l'uomo?"*

Esattamente come i neonati hanno bisogno di bere latte per vivere, un bambino spirituale deve assorbire latte spirituale per crescere. Ma come può un bambino spirituale crescere fino a diventare un padre spirituale?

1. Fede dei neonati e dei primi passi

1 Giovanni 2:12 dice *"Figlioletti, vi scrivo perché i vostri peccati vi sono perdonati per mezzo del Suo nome."* Questo verso ci dice che chiunque non conosce Dio sarà perdonato dei propri peccati quando accetta Gesù Cristo, ricevendo così il diritto di diventare figlio di Dio attraverso lo Spirito Santo che viene a dimorare nel suo cuore.

Non c'è niente al di fuori del nome di Gesù Cristo che possa perdonarci ed offrire in dono la salvezza. La maggior parte delle persone del mondo considerano il cristianesimo come una buona religione per il benessere mentale e, di conseguenza, ci pongono la domanda: "Perché dite che possiamo essere salvati solamente attraverso Gesù Cristo?"

Successivamente sorge un'altra domanda: "Perché Gesù Cristo è il nostro unico Salvatore?" Gli esseri umani non possono essere salvati da altri nomi, solo da quello di Gesù Cristo. Si può essere perdonati dei propri peccati esclusivamente attraverso il sangue di Gesù, che è morto sulla croce.

Atti 4:12 dichiara *"E in nessun altro vi è la salvezza, poiché non c'è alcun altro nome sotto il cielo che sia dato agli uomini, per mezzo del quale dobbiamo essere salvati."* La provvidenza e la volontà di Dio è che gli uomini siano salvati attraverso Gesù Cristo.

Nella storia dell'umanità sono stati presenti degli uomini "grandi" o "magnanimi," come Socrate, Confucio, Buddha ed altri. Dalla prospettiva di Dio, comunque, sono tutti mere creature e peccatori perché tutti gli uomini sono nati con il peccato originale ereditato attraverso i loro padri da Adamo, che peccò di disubbidienza.

Ciononostante, Gesù aveva il potere spirituale e le qualifiche pertinenti per essere il Salvatore dell'umanità: Egli non aveva in Sé il peccato originale perché fu concepito dallo Spirito Santo e non ha mai commesso peccati durante la Sua vita. Questo, insieme alla sua irreprensibilità e al suo amore grande, gli conferì la forza per salvare l'umanità, tanto da sacrificare anche la propria vita per noi peccatori.

Se anche tu credi che Gesù Cristo è l'unica vera via della salvezza e se Lo accetti come tuo Salvatore, verrai perdonato da tutti i peccati, riceverai lo Spirito Santo come un dono di Dio e sarai sigillato come Suo figlio.

La fede del criminale crocifisso accanto a Gesù

Quando Gesù fu crocifisso per caricarsi dei peccati dell'umanità, uno dei due criminali al suo fianco, si pentì dei suoi peccati ed accetto Gesù come Salvatore, qualche attimo prima di morire. Fu quindi confermato come figlio di Dio ed entrò in paradiso. Tutti quelli che sono nati di nuovo accettando Gesù Cristo, sono chiamati dal Padre "i miei piccoli bambini."

Alcune persone argomentano dicendo: "Un criminale accettò Gesù come suo Salvatore e fu salvato poco prima di morire. Allora io potrò godere di quello che offre il mondo quanto voglio, basta che accetti Gesù Cristo come mio Salvatore poco prima di morire. Così anche io riuscirò ad andare in paradiso!" Mai idea fu più erronea.

Dovremmo invece domandarci come sia riuscito, il criminale, ad accettare Gesù mentre veniva ridicolizzato dalla malvagità delle persone che lo affiggevano alla croce. Quell'uomo, che probabilmente aveva già ascoltato il messaggio di Gesù nelle strade della Galilea, considerò che Egli avrebbe potuto essere davvero il Messia. Così, confessò la sua fede in Cristo e Lo accettò come suo Salvatore quando fu appeso sulla croce affianco a Lui. In questo modo ricevette la salvezza e si guadagnò il diritto di entrare in paradiso.

Similmente, chiunque può avere il diritto di diventare figlio di Dio se accetta Gesù come proprio Salvatore e ricevere lo Spirito Santo. Ecco perché Dio chiama i nati di nuovo "i miei piccoli bambini." Ogni qualvolta un bambino nasce viene iscritto negli archivi anagrafici e diventa un cittadino del paese nel quale è nato. Allo stesso modo, se il tuo nome è registrato nel Libro della Vita puoi ricevere la cittadinanza celeste, essendo considerato figlio di Dio.

La fede dei neonati e dei bambini ai primi passi si riferisce alla fede di chi ha accettato Gesù Cristo, è perdonato dai peccati, è diventato figlio di Dio e ha il suo nome scritto nel Libro della Vita, in cielo.

2. Fede dei bambini

Chi è nato di nuovo, cioè chi è diventato figlio di Dio per aver accettato Gesù Cristo, inizia una vita spirituale, e con il tempo matura nelle fede raggiungendo la fede dei bambini. Il cammino della fede è parallelo al corso naturale di ogni essere umano, dopo la nascita il bambino viene svezzato da sua madre, inizia a riconoscere i suoi genitori e a distinguere alcuni elementi, quello che lo circonda e le persone.

I bambini hanno poche conoscenze e devono essere protetti dai genitori. Quando gli si chiede se sanno chi sono i genitori, generalmente rispondono "Sì;" ma se gli si chiede dove sono nati o se conoscono la genealogia della loro famiglia, in genere, non sanno dare una risposta. I bambini, infatti, non hanno nozioni dettagliate sui loro genitori, anche se possono dire con certezza "So chi è mia mamma e so chi è mio papà."

Quando i genitori comprano giocattoli per i loro bambini, essi riconoscono il tipo di giocattolo, ma non hanno idea di come la macchinina sia stata costruita e tantomeno come sia stata acquistata la bambola. Ne consegue che i piccoli conoscono solo in parte ciò che vedono con i loro occhi, senza comprenderne i dettagli perché non possono vederli.

Spiritualmente i bambini, hanno la fede dei principianti per conoscere Dio il Padre; essi godono della grazia in fede, dopo aver accettato Gesù Cristo e aver ricevuto lo Spirito Santo. 1 Giovanni 2:13 *"Figlioletti, vi scrivo perché avete conosciuto il Padre."* L'espressione "avete conosciuto il Padre" indica che le persone con la fede dei bambini hanno accettato Gesù Cristo e conosciuto la parola di Dio frequentando una chiesa.

Così come un bambino inizialmente sa poco e crescendo riesce a riconoscere padre e madre, anche i nuovi credenti gradualmente vengono a conoscenza della volontà e del cuore di Dio Padre attraverso il frequentare una chiesa e quindi l'ascolto della Sua Parola. Eppure, essi non sono ancora capaci di ubbidire la parola perché non hanno abbastanza fede.

Perciò, la fede dei bambini è la fede delle persone che conoscono la verità, avendola udita, ma a volte ubbidiscono e a volte no. Questo livello di fede non è ancora perfetto.

Chi può chiamare Dio "Padre?"

Se qualcuno non ha accettato Gesù Cristo ma comunque confessa, "Io conosco Dio," sta mentendo. Ci sono anche quelli che dicono "Non frequento la chiesa, ma conosco Dio": questi sono coloro che hanno letto una volta o due la Bibbia, frequentavano una chiesa o hanno sentito parlare di Dio un po' qui e un po' là. Ma conoscono veramente Dio il Creatore?

Se conoscessero Dio dovrebbero sapere perché Gesù è l'unico e solo Figlio di Dio, perché Dio lo ha mandato in questo mondo e perché Dio ha posto l'albero della conoscenza del bene e del male nel Giardino dell'Eden. Dovrebbero anche sapere dell'esistenza del regno dei cieli, dell'inferno e di come possono essere salvati e andare in cielo.

Inoltre, se comprendessero veramente questi fatti nessuno rifiuterebbe di andare in chiesa e vivere dalla parola di Dio. Eppure continuano a disertare la comunità e a non chiamare Dio "Padre" perché non credono in Lui e non Lo conoscono.

Capita anche che dei non credenti dichiarino di conoscere il

Signore, ma non è vero. Essi non possono riconoscere Dio e tantomeno chiamarLo "Padre" se non conoscono Gesù Cristo e non vivono nella Sua parola (Giovanni 8:19).

Chiamare Dio in modi diversi

I credenti chiamano lo stesso Dio in modo diverso, a seconda della misura della propria fede. Nessuno lo chiama "Padre" prima di aver accettato Gesù Cristo come Salvatore.

I nuovi credenti, come chiamano Dio? C'è una sorta di timidezza e quindi Lo chiamano semplicemente "Dio." Non possono chiamarlo dolcemente "Padre mio," perché si sentono imbarazzati o poco familiari in quanto non lo hanno servito come Padre.

Comunque sia, il nome con il quale i credenti chiamano Dio cambia in base alla crescita della loro fede quando raggiunge la misura della fede dei bambini. Lo chiamano "Padre" quando hanno la fede dei bambini, esattamente come i bambini chiamano allegramente i loro padri "Papà." Chiaramente non è sbagliato chiamarlo semplicemente "Dio" o "Dio Padre;" Lo chiameranno "Padre" piuttosto che "Dio Padre" quando la loro fede maturerà di più, ma fino a quel momento Egli sarà "Padre" solo quando pregano.

Quale delle due espressioni pensi suonerebbe più amorevole per il Signore: chiamarLo "Dio" o chiamarLo "Padre?" Pensa quanto Gli piacerebbe essere chiamato da te "Padre mio" dal profondo del tuo cuore!

Proverbi 8:17 dice *"Io amo quelli che mi amano, e quelli che mi cercano diligentemente mi trovano."* Più ami Dio, più

Lui ti amerà. Più Lo cerchi, più facilmente ricevere le Sue risposte.

E' un dato di fatto, che quando vivremo in cielo, essendo Suoi figli, Lo chiameremo per sempre "Padre;" per questo dovresti iniziare ad avere una relazione corretta con Dio in questa vita, ovvero una relazione intima. Ecco perché oggi è il tempo in cui eseguire i tuoi doveri come figlio di Dio e dimostrare l'evidenza del tuo amore per Lui rispettando completamente i Suoi comandamenti.

3. Fede dei giovani

Così come un bambino comincia ad essere più forte e diventa un perspicace adolescente, la fede dei bambini matura e diventa la fede dei giovani. Vale a dire, che dopo la fase spirituale dell'infanzia, attraverso la preghiera e la parola di Dio, il livello di fede delle persone comincia ad essere quello della gioventù spirituale, in cui conosci sia la volontà di Dio Padre che il peccato.

I giovani sono forti e coraggiosi

Sebbene esistano alcuni bambini che conoscono bene la legge di un paese, tutti i piccoli devono essere sotto la protezione dei propri genitori. Qualora un bambino commetta un crimine, i suoi genitori ne sono responsabili per lui, perché non lo hanno educato in maniera corretta. I bambini non hanno ben presente cosa sia il peccato, la rettitudine, perché sono ancora nel processo di apprendimento.

E per quanto riguarda gli adolescenti? Sono forti, irascibili e pronti a commettere peccato. Sono ansiosi di vedere, imparare, sperimentare tutto e hanno la tendenza ad imitare gli altri. Tendono ad essere curiosi in tutti gli aspetti, caparbi e fiduciosi del fatto che non esista nulla che non possano fare.

Allo stesso modo, le persone spiritualmente giovani non cercano cose terrene, ma per la pienezza dello Spirito Santo, hanno la speranza del cielo e sconfiggono il peccato con la parola di Dio perché hanno una fede forte. Conducono una vita trionfante in ogni circostanza, vincendo il mondo ed il diavolo con fermo coraggio perché la Parola dimora in loro.

Vincere e dominare il Diavolo

Come fanno le persone con una fede giovane, forte e coraggiosa, a vincere il mondo peccaminoso ed il diavolo? Coloro che accettano Gesù Cristo hanno il diritto di divenire figli di Dio, e radicati nella verità sconfiggeranno trionfalmente il male. Il diavolo, sebbene sia forte, non può permettersi di fare niente di fronte ai figli di Dio. Lo troviamo scritto in 1 Giovanni 2:13 *"Giovani, vi scrivo perché avete vinto il maligno."*

Puoi vincere il diavolo quando dimori nella verità quando la parola di Dio è in te. Esattamente come le persone che non conoscono la legge non possono osservarla, tu non puoi vivere dalla parola di Dio se non la conosci.

Per questo hai bisogno di mantenere ferma la parola di Dio nel tuo cuore e vivere di essa, gettando via ogni genere di peccato. In questo modo le persone con la fede dei giovani possono vincere il mondo con la parola di Dio. Questo dal momento che: *"Padri, vi ho scritto perché avete conosciuto colui che è dal principio. Giovani, vi ho scritto perché siete forti e la parola di Dio dimora in voi, e perché avete vinto il maligno"* (1 Giovanni 2:14).

4. Fede dei padri

Quando le persone con la fede dei giovani, con uno spirito forte e fermo, crescendo diventeranno adulti, saranno capaci di valutare e capire ogni situazione e dopo molte esperienze, otterranno la saggezza che li porterà ad essere prudenti abbastanza da umiliarsi quando necessario. Le persone con la fede dei padri conoscono l'origine di Dio nei dettagli e capiscono la Sua provvidenza, perché hanno una fede spirituale e profonda.

Chi conosce l'origine di Dio?

I padri sono diversi dai giovani in molti aspetti. I giovani sono immaturi perché, nonostante abbiano già imparato molto, manca loro l'esperienza. Di conseguenza ci sono molte situazioni che i giovani non comprendono, mentre i padri afferrano molti elementi perché hanno sperimentato una varietà di aspetti della vita.

I padri capiscono anche perché i genitori vogliono avere figli, quanto sia doloroso un parto e quanti siano i problemi relativi alla crescita. Conoscono la storia della propria famiglia: la provenienza dei loro genitori, come si sono incontrati, sposati, e così via.

Un proverbio coreano dice "Solamente quando partorirai i tuoi figli comprenderai appieno il cuore dei tuoi genitori." Similmente, solo le persone con la fede dei padri possono capire pienamente il cuore di Dio Padre. Di tali cristiani maturi parla 1 Giovanni 2:13 *"Padri vi scrivo perché avete conosciuto colui che è dal principio."* Inoltre, coloro che hanno questo tipo di fede diventano esempio per molti, sono in grado di abbracciare tutti, perché umili e capaci di rimanere fermi sulla verità, senza deviare da essa.

Se paragoniamo la fede dei padri alla stagione della raccolta, quella della gioventù può essere paragonata alla frutta acerba. Le persone con la fede dei giovani sono paragonate ai raccolti immaturi, perché tendono ad insistere sui propri pensieri e sulle proprie teorie.

Così come Gesù mostrò l'esempio del servizio lavando i piedi dei Suoi discepoli, le azioni dei padri spirituali, diversamente dai giovani spirituali, portano frutti maturi e danno gloria a Dio con questi atti fruttuosi.

Avere il cuore di Gesù Cristo

Dio vuole che i Suoi figli raggiungano il cuore di Dio, che è dal principio, e di Gesù Cristo, che umiliò Se stesso e fu obbediente fino alla morte (Filippesi 2:5-8). Per questa ragione Dio permette le prove ai Suoi figli, ed attraverso queste, la loro fede matura, guadagnando persistenza e speranza. E' così che la fede aumenta fino al livello dei padri.

In Luca 17 Gesù ammaestrò i Suoi discepoli attraverso la parabola di un servitore. Un servo lavorava tutto il giorno in un campo ed al suo ritornò a casa al crepuscolo non c'era nessuno che gli diceva "Bel lavoro! Riposati e cena." Invece, il servitore preparava anche la cena per il suo padrone ed aspettava che avesse finito di mangiare; solamente dopo poteva andare a consumare il suo pasto serale. Inoltre, nessuno gli diceva "Grazie mille per il tuo duro lavoro," pur facendo tutto ciò che il suo signore comandava. Il servo dice solamente una cosa: "Io sono un servitore indegno; ho fatto solamente ciò che avrei dovuto fare."

Allo stesso modo, tu dovresti essere un uomo umile ed obbediente che dice "Sono un servitore inutile; ho fatto solamente il mio dovere" anche dopo aver fatto tutto ciò che Dio ti ha comandato di fare. Le persone con la fede dei padri conoscono la profondità e l'altezza del cuore di Dio, che è dal principio, e hanno anche il cuore di Gesù Cristo, che si umiliò e fece di Se stesso un nulla, divenendo obbediente fino a morire. Così Dio riconosce e loda in modo eccellente tali individui, che in cielo splenderanno come il sole.

Così come un piccolo seme di senape cresce e diventa un grande albero nel quale si raccolgono molti uccelli, la fede spirituale cresce dalla misura dei neonati e dei bambini ai primi passi, da quella dei bambini fino ad essere pari a quella dei giovani e infine dei padri. Sarai meravigliosamente benedetto in grande misura, quando conoscerai Colui che è dal principio; avrai abbastanza fede per capire la Sua altezza e la Sua profondità, essendo capace di prenderti cura di molte anime erranti come fece Gesù!

Che tu possa avere il cuore del Signore, abbondante in generosità e amore; possedere la fede dei padri; portare frutto abbondante e splendere sempre come il sole in cielo. Questo prego nel nome del nostro Signore!

Capitolo 3

La Misura della Fede di Ogni Individuo

Infatti,
per la grazia che mi è stata data,
dico a ciascuno che si trovi fra voi
di non avere alcun concetto più alto
di quello che conviene avere,
ma di avere un concetto sobrio,
secondo la misura della fede che Dio
ha distribuito a ciascuno.
(Romani 12:3)

Dio ti permette di mietere quello che semini e ti ricompensa secondo quello che hai fatto, perché Egli è giusto. In Matteo 7:7-8 Gesù ci dice *"Chiedete e vi sarà dato; cercate e troverete, bussate e vi sarà aperto. Perché chiunque chiede riceve, chi cerca trova e sarà aperto a chi bussa."*

Non aspettare benedizioni e risposte alle tue preghiere se la tua fede è carnale, perché questa si ottiene ascoltando e studiando la parola di Dio; ma la fede spirituale non è data liberamente, la puoi ricevere soltanto quando Dio te la dona.

Romani 12:3 ci esorta in questo modo *"...dico a ciascuno che si trovi fra voi di non avere alcun concetto più alto di quello che conviene avere, ma di avere un concetto sobrio, secondo la misura della fede che Dio ha distribuito a ciascuno."* La fede spirituale data da Dio è diversa da persona a persona. Come troviamo anche in 1 Corinzi 15:41 *"Altro è lo splendore del sole, altro lo splendore della luna ed altro lo splendore delle stelle, perché una stella differisce da un'altra stella in splendore,"* le dimore celesti e la gloria delle ricompense di ogni singolo individuo sono diverse a seconda della misura della propria fede.

1. La misura di fede donata da Dio

La "misura" è il peso, il volume, la quantità o la taglia di un oggetto. Dio misura la fede di ciascuno risponde alle persone a seconda della loro misura fede.

Generalmente le persone di grande fede ricevono risposte anche solo desiderando nei loro cuori una determinata cosa; altri, invece, soltanto quando pregano ferventemente e digiunano per uno o più giorni; quelli con una fede piccola, invece, ricevono repliche solo dopo aver pregato per mesi o anni. Se si potesse "guadagnare" la fede spirituale come si vuole, tutti riceverebbero le benedizioni e le risposte che desiderano, ma il mondo diverrebbe un luogo molto confuso e disordinato in cui vivere.

Supponiamo che ci sia un uomo che non vive dalla parola di Dio e chiede: "Dio, per favore, permettimi di diventare il capo dell'impresa di affari più prominente in questo paese!", oppure "Odio quell'uomo. Per favore castigalo!"; e se la sua preghiera e il suo desiderio trovassero risposta, come sarebbe il mondo?

La fede spirituale e l'obbedienza

Come si può avere la fede spirituale? Dio, infatti, non dà la fede spirituale a chiunque, ma solamente a quelli che sono qualificati attraverso l'ubbidienza alla Sua Parola. Di conseguenza, si può ricevere la fede spirituale in proporzione alle nostre rinunce della falsità (odio, dispute, invidia, adulterio, voglie e piaceri) e amando anche i propri nemici.

Nella Bibbia, Gesù lodò alcune persone dicendo "Grande è la

tua fede," ma rimproverò altri dicendo "Gente di poca fede!"

In Matteo 15:21-28, per esempio, una donna cananea venne a Gesù chiedendoGli di guarire sua figlia perché indemoniata. La donna gridò *"Abbi pietà di me, Signore, Figlio di Davide! Mia figlia è terribilmente tormentata da un demone!"* (v. 22)

Gesù volle comunque provare la sua fede e le rispose *"Io non sono stato mandato che alle pecore perdute della casa d'Israele"* (v. 24). La donna si inginocchiò davanti a Gesù e disse *"Signore, aiutami!"* (v. 25). Gesù rifiutò di nuovo la sua richiesta e le rispose *"Non è cosa buona prendere il pane dei figli e gettarlo ai cagnolini"* (v. 26). Rispose in questo modo perché gli ebrei del Suo tempo consideravano i Gentili come cani, e la donna era una di loro e proveniva da una regione chiamata Tiro.

In questa situazione la maggior parte delle persone si sarebbero sentite svergognate, scoraggiate, offese, e avrebbero rinunciato a tentare di ricevere la risposta al bisogno. Eppure quella donna non fu amareggiata e accettò le parole di Gesù con umiltà. Si abbassò come un essere piccolo e modesto, come un cane, e implorò la Sua grazia senza vacillare: *"E' vero, Signore, poiché anche i cagnolini mangiano le briciole che cadono dalla tavola dei loro padroni"* (v. 27). A questo punto Gesù fu compiaciuto della sua fede e le rispose *"O donna, grande è la tua fede! Ti sia fatto come tu vuoi"* (v. 28). E sua figlia guarì completamente ed immediatamente.

Vediamo anche che Gesù rimprovera i Suoi per la loro poca fede, in Matteo 17:14-20. Un uomo portò il proprio figlio, che soffriva gravemente di epilessia, ai discepoli, i quali però non furono in grado di guarirlo. Di conseguenza il ragazzino fu condotto a Gesù, che cacciò immediatamente i demoni da lui guarendolo. Successivamente i discepoli chiesero al Signore: *"Perché non siamo stati capaci di scacciarlo?"* (v. 19) Egli rispose: *"A causa della vostra poca fede"* (v. 20 – Nuova Riveduta).

Non solo, Gesù sgridò Pietro, in Matteo 14:22-33. Una notte i discepoli erano su una barca nel mezzo di una brutta tempesta, e Gesù si avvicinò loro camminando sulle acqua. Essi furono terrorizzati quando Lo videro camminare sul mare, e gridarono dalla paura *"E' un fantasma!"* (v. 26) Immediatamente Egli disse loro *"Rassicuratevi; sono io, non temete!"* (v. 27)

Pietro divenne coraggioso e rispose *"Signore, se sei tu, comandami di venire da Te sulle acque"* (v. 28). Gesù gli disse *"Vieni!"*, proprio ciò che lui voleva sentirsi dire. Così uscì dalla barca, camminò sulle acque e andò verso Gesù. Quando però vide il vento, si impaurì e cominciò ad affondare, e gridò *"Signore, salvami!"* (v. 30) Immediatamente Gesù gli porse la Sua mano afferrandolo, ma lo sgridò dicendo *"O uomo di poca fede, perché hai dubitato?"* (v. 31)

Pietro, in quel contesto, fu rimproverato per la sua poca fede; ma dopo aver ricevuto lo Spirito Santo e la potenza di Dio, egli compì tantissimi miracoli nel nome di Dio e per la sua grande fede fu crocifisso capovolto.

2. Misure diverse, individui diversi

Ci sono molte parabole nella Bibbia che spiegano la misura della fede. 1 Giovanni 2 illustra la misura della fede paragonandola alla crescita di un uomo, e Ezechiele 47:3-5 alla profondità dell'acqua:

"L'uomo avanzò verso est con una cordicella in mano e misurò mille cubiti, poi mi fece attraversare le acque: mi arrivavano alle caviglie. Misurò altri mille cubiti, poi mi fece attraversare le acque: mi arrivavano alle ginocchia. Misurò altri mille cubiti, poi mi fece attraversare le acque: mi arrivavano ai fianchi. Misurò altri mille cubiti: era un fiume che non potevo attraversare, perché le acque erano cresciute; erano acque nelle quali bisognava nuotare: un fiume che non si poteva attraversare."

Il libro di Ezechiele è uno dei cinque grandi libri profetici del Vecchio Testamento. Dio permise a quest'uomo di profetizzare nel periodo in cui il Regno Meridionale di Giuda fu distrutto da Babilonia e molti ebrei furono deportati come prigionieri di guerra. Ezechiele ebbe anche la visione di Dio nel tempio.

Nel capitolo 47 del libro, il profeta riporta una visione nella quale vide dell'acqua uscire fuori dalla soglia del tempio rivolta verso est. L'acqua sgorgava dal lato meridionale del tempio, a sud dell'altare. Poi, l'acqua fluiva attraverso la porta a nord, e sgorgava fuori del santuario intorno alla porta esterna che guardava ad est.

L' "acqua" simboleggia spiritualmente la parola di Dio

(Giovanni 4:14), ed il fatto che l'acqua proviene dall'interno del santuario e poi fluisce fuori del santuario, indica che la parola di Dio non solo è predicata nel santuario ma anche al mondo.

Cosa intende Ezechiele quando dice *"Un uomo misurò mille cubiti"* (47:3), andando verso est con una cordicella per misurare nella mano? Questo si riferisce al Signore che valuta la fede individuale e giudicherà esattamente secondo la misura della fede di ciascuno, nel giorno del Giudizio.

"L'uomo con una cordicella in mano" è il servitore di Dio, e "avere una cordicella in mano" significa che il Signore valuta correttamente la fede di ogni individuo senza commettere errori. Le diverse profondità dell'acqua significano, metaforicamente, i diversi livelli della misura di fede.

Secondo la profondità dell'acqua

"L'acqua profonda fino alle caviglie" indica la fede di neonati e bambini ai primi passi spirituali, la misura di fede necessaria per ricevere la salvezza. "L'acqua profonda fino al ginocchio" si riferisce alla fede di bambini e "l'acqua profonda fino alla vita" rappresenta quella dei giovani. Infine, "l'acqua abbastanza profonda tanto da poter nuotare" si riferisce alla fede dei padri.

E' in questo modo che nel giorno del Giudizio verrà misurata la fede di ogni individuo, e le dimore celesti di ogni persona saranno determinate dal Signore a seconda di quanto essa vissuto dalla parola di Dio.

"Misurare mille cubiti" indica il grande cuore di Dio, la Sua precisione senza il minimo errore, e la profondità del Suo cuore che prende tutto in considerazione. Dio non misura la fede di ogni individuo da una sola prospettiva, ma da tutte le angolazioni. Dio investiga ogni nostro ogni atto dal centro dei nostri cuori, così accuratamente che nessuno si sentirà giudicato falsamente.

Dio investiga ogni cosa con i Suoi occhi ardenti, facendo raccogliere a ciascuno secondo quello che si è seminato e ricompensando secondo quello che è stato fatto. Ecco perché Romani 12:3 dice *"Infatti, per la grazia che mi è stata data, dico a ciascuno che si trovi fra voi di non avere alcun concetto più alto di quello che conviene avere, ma di avere un concetto sobrio, secondo la misura della fede che Dio ha distribuito a ciascuno."*

Pensare saggiamente, secondo lamisura della propria fede

Camminare nell'acqua che giunge fino alle caviglie, è piuttosto diverso dall'andare nell'acqua profonda fino alla vita. Con l'acqua fino alle caviglie, si può camminare o correre ma non nuotare; quando invece si è nell'acqua profonda almeno fino alla vita, è preferibile nuotare piuttosto che camminare.

Infatti, coloro che hanno la fede dei bambini pensano e agiscono in modo differentemente da coloro che hanno la fede dei padri, così come il pensiero dell'uomo differisce a seconda della profondità delle acque in cui ci si trova. In definitiva, la saggezza è direttamente proporzionata alla misura della fede.

Abrahamo ricevette Isacco, come figlio della promessa, dopo che Dio riconobbe la sua fede. Un giorno Dio gli comandò di offrire suo figlio, sull'altare, come un'offerta. Come reagì questo uomo al comando di Dio? Non ha mai considerato in balia dell'angoscia: "Perché Dio mi ha comandato di offrire Isacco sebbene me lo abbia donato come figlio della promessa? Sta infrangendo la promessa?"

Ebrei 11 ci ricorda che Abrahamo pensò saggiamente al comando del Signore: *"Dio non mente mai, e risusciterà mio figlio dalla morte."* Egli non pensava a se stesso in maniera più alta di quello che era, ma piuttosto in accordo alla misura della fede che Dio gli aveva dato.

Non si lagnò né borbottò, ma rispettò Dio con un cuore umile. Di conseguenza, fu approvato, fu favorito da Dio e divenne il patriarca della fede.

Bisogna capire questo: è dichiarato che Abrahamo aveva una fede spirituale perché è stata confermata attraverso una grave e dura prova che lo condusse sulla via delle benedizioni. Anche tu puoi ricevere l'amore e la benedizione di Dio quando passi le prove del fuoco, pensando saggiamente a te stesso, in accordo alla misura della tua fede.

3. La fede provata dal fuoco

1 Corinzi 3:12-15 dice che Dio prova la fede di ogni individuo con il fuoco e misura le opere che rimangono:

> *Ora, se uno costruisce sopra questo fondamento*
> *con oro, argento, pietre preziose, legno, fieno,*
> *stoppia, l'opera di ciascuno sarà manifestata, perché*
> *il giorno la paleserà; poiché sarà manifestata*

mediante il fuoco, e il fuoco proverà quale sia l'opera di ciascuno. Se l'opera che uno ha edificato sul fondamento resiste, egli ne riceverà una ricompensa, ma se la sua opera è arsa, egli ne subirà la perdita, nondimeno sarà salvato, ma come attraverso il fuoco.

"Il fondamento" è Gesù Cristo e "l'opera" indica le azioni fatte con tutto il cuore. Per chi crede in Gesù Cristo, la sua opera sarà rivelata per quello che è "perché il giorno lo paleserà."

Quando saranno palesate le opere?

Prima di tutto, l'opera di ciascuno sarà palesata quando il proprio dovere sarà compiuto. Se ad un lavoratore vengono assegnati incarichi a scadenza annuale, il suo operato sarà reso noto alla fine dell'anno.

In secondo luogo, Dio esamina l'opera di ciascuno quando arriva la prova di fuoco. Alcune persone sono in pace e non vengono smosse neanche quando affrontano gravi prove e difficoltà di fuoco, mentre altri non riescono sopportarle.

Infine, Dio esamina le opere di ciascuno nel giorno del Giudizio che verrà dopo la Seconda Venuta di Gesù Cristo. Egli misurerà la santità e la fedeltà di ogni persona, assegnando a ciascuno una dimora celeste e ricompensando di conseguenza.

L'opera rimane dopo la prova del fuoco

Ancora una volta 1 Corinzi 3:12-13 ci ricorda *"Ora, se uno costruisce sopra questo fondamento con oro, argento, pietre preziose, legno, fieno, stoppia, l'opera di ciascuno sarà manifestata, perché il giorno la paleserà; poiché sarà manifestata mediante il fuoco, e il fuoco proverà quale sia l'opera di ciascuno."*

Se Dio prova l'opera dell'individuo con il fuoco, ogni impresa avrà una specifica qualità di fede: oro, argento, pietre preziose, legno, fieno o stoppia, solo le persone con la fede di stoppia non potranno essere salvate perché sono morte nello spirito, ma tutte le altre, saranno guidate alla salvezza.

Inoltre, le persone con la fede di oro, argento e pietre preziose, supereranno prove ardenti esattamente come questi beni preziosi che resistono al fuoco e non vengono bruciati da esso; differentemente, per le persone con la fede simile a legno e fieno, non sarà facile oltrepassare queste prove di fuoco.

Caratteristiche di oro, argento, e pietre preziose

L'oro è un elemento malleabile, duttile, metallico e giallo; è usato soprattutto per coniare monete, creare gioielleria, accessori e artigianato vario. È considerato da sempre il tesoro più prezioso. Anche dopo lungo tempo la sua bella luminosità non cambia, perché non c'è reazione chimica tra l'oro e altre sostanze.

Di conseguenza, esso è da sempre ritenuto il tesoro più prezioso perché immutabile, estremamente utile per vari scopi e abbastanza flessibile da poterlo trasformare in varie forme.

L'argento è molto usato per le monete, gli accessori e per scopi industriali perché è il secondo materiale migliore in circolazione, quanto a malleabilità e duttilità; inoltre è un ottimo conduttore di calore. L'argento è più leggero dell'oro, e minore in luminosità e bellezza. Le pietre preziose, come diamanti, zaffiri, smeraldi, emanano colore e brillantezza meravigliosi, ma non possono essere usati per vari scopi; inoltre perdono anche la propria preziosità e vengono svalutati in caso di rottura o graffi.

Perciò, Dio misura la fede di ogni individuo, a seconda dell'opera che rimane dopo le prove, e ritiene la fede di oro la più preziosa di tutte.

Raggiungere la fede di oro

Le persone con la fede come l'oro non vengono scosse neanche quando affrontano prove durissime. Quella di argento non è forte come la precedente, ma è superiore a quella delle pietre preziose che sono fragili nel fuoco. D'altra parte, le persone con la fede di legno o fieno, la cui opera è bruciata dalle prove, possono ricevere la salvezza ma nessuna ricompensa. Dio ricompensa ciascuno secondo quello che ha fatto perché Lui è giusto e retto. Così, Egli gradisce le persone che hanno una fede immutabile, così come l'oro non cambia, e le ricompensa tanto in cielo quanto su questa terra.

L'apostolo Paolo, che dedicò la sua vita all'apostolato dei Gentili, predicò il vangelo con un cuore immutabile e corse la gara della fede fino alla fine, nonostante le innumerevoli prove e fatiche affrontate dal momento in cui incontrò il Signore.

Atti 16:25 dice *"Verso la mezzanotte Paolo e Sila pregavano e cantavano inni a Dio; e i prigionieri li udivano."* Per aver predicato il vangelo Paolo e Sila furono brutalmente malmenati e imprigionati con i piedi incatenati a dei ceppi, eppure cantarono lodi a Dio in preghiera senza lagnarsi.

Così Paolo non negò mai il Signore e non pronunciò mai una sola parola di lamentela: era gioioso e grato, sempre con un cuore pieno di speranza per il cielo, e fu fedele nell'opera di Dio al punto di deporre la sua stessa vita.

Se hai la fede d'oro dell'apostolo Paolo, anche tu dimorerai in un luogo glorioso che splende come il sole in cielo, e riceverai il grande amore di Dio perché la tua opera non potrà essere bruciata fino alla cenere.

La fede di legno e fieno

Le persone con la fede di argento portano a termine i propri doveri come dovuto, anche se la loro fede è minore di quella d'oro. Com'è, allora, quella di pietre preziose?

Le persone con questo tipo di fede sono coloro che dopo una guarigione ricevuta o dopo essere stati riempiti con lo Spirito Santo, o aver ricevuto le risposte alle loro preghiere, pronunciano arditamente promesse tipo "Io sarò fedele al Signore! Predicherò il vangelo con tutto il mio cuore... Da adesso in poi vivrò solamente per Lui!" Apparentemente, sembra che queste persone abbiano la fede d'oro, ma inciampano o si sviano durante le prove del fuoco perché, in effetti, non la posseggono. Se sono ripieni di Spirito Santo, sembrano avere una grande fede, ma poi deviano dal suo cammino e, alla fine, i loro cuori sono spezzati come se non ne avessero affatto.

In altre parole, la fede delle pietre preziose è bella solamente per un momento. Eppure, le sue opere rimangono dopo le prove del fuoco, esattamente come la forma dei gioielli o di queste pietre è preservato dopo la forgiatura. Le opere della fede di legno e di fieno, invece, vengono completamente arse attraverso le prove di fuoco. Di nuovo, 1 Corinzi 3:14-15 ci dice *"Se l'opera che uno ha edificato sul fondamento resiste, egli ne riceverà una ricompensa, ma se la sua opera è arsa, egli ne subirà la perdita, nondimeno sarà salvato, ma come attraverso il fuoco."* È vero, le persone con la fede di oro, argento o pietre preziose sono salvate e ricompensate in cielo perché le loro imprese persistono dopo la prova del fuoco di Dio. Ma le opere degli individui con la fede di legno o fieno vengono arse attraverso le stesse prove di fuoco, e loro saranno salvati senza ricevere alcuna ricompensa in cielo.

Dio accetta la tua fede con gioia e ti ricompensa abbondantemente quando Lo cerchi sinceramente. Ebrei 11:6 ci dice *"Ora senza fede è impossibile piacergli, perché chi si accosta a Dio deve credere che egli è, e che egli è il rimuneratore di quelli che lo cercano."*
Egli misura la fede di ciascuno attraverso la prova del fuoco. Dio dà le benedizioni qui sulla terra e ricompensa in cielo chiunque ha una fede immutabile come l'oro.
Perciò, bisogna capire che ci sono differenti risposte e benedizioni di Dio così come ci sono diverse dimore e corone in cielo, secondo la misura della fede individuale.
Prego nel nome del nostro Signore che tu possa sforzarti di raggiungere la fede di oro che Gli compiace, così che tu possa godere delle Sue benedizioni in ogni aspetto della tua vita qui

sulla terra e dimorare in un luogo glorioso che splende come il sole in cielo.

Capitolo 4

Fede per Ricevere la Salvezza

La Misura della Fede

Allora Pietro disse loro:
"Ravvedetevi e ciascuno di voi sia battezzato
nel nome di Gesù Cristo per il perdono dei peccati,
e voi riceverete il dono dello Spirito Santo.
Poiché la promessa è per voi e per i vostri figli
e per tutti coloro che sono lontani,
per quanti il Signore Dio nostro ne chiamerà."
(Atti 2:38-39)

Nel capitolo precedente ho parlato di come Dio accetta la fede spirituale accompagnata dalle opere, che ogni individuo ne ha una sua personale misura, e che essa matura secondo l'obbedienza alla parola di Dio.

Per una migliore comprensione della misura della fede, la suddividerò in cinque livelli: oro, argento, pietre preziose, legno e fieno. Così come una gradinata si sale uno scalino per volta, la fede matura dal fieno all'oro gradatamente con l'ascolto della parola di Dio e ubbidendo ad essa.

Puoi arrivare al cielo solamente per fede, e per ottenere il regno dei cieli devi accrescere la tua fede passo dopo passo. Inoltre, più cresci nella fede di oro, più ti sarà ripristinata l'immagine perduta di Dio, riceverai il Suo favore, la Sua approvazione, e alla fine raggiungerai la Nuova Gerusalemme dove risiede il trono di Dio. Ancora di più, se hai la fede di oro, Dio si compiacerà di te e camminerà con te, risponderà ai desideri del tuo cuore e ti benedirà affinché tu possa compiere opere miracolose.

Perciò, io spero che tu misurerai la tua fede sforzandoti di possedere quella più perfetta.

1. Primo livello di fede

Prima di ricevere Gesù Cristo, eravamo figli del diavolo e avremmo dovuto andare all'inferno a causa delle nostre vite piene di peccato. Di questo parla 1 Giovanni 3:8 *"Chiunque commette il peccato è dal diavolo, perché il diavolo pecca dal principio; per questo è stato manifestato il Figlio di Dio: per distruggere le opere del diavolo."*

In tal caso non importa quanto irreprensibile tu sia, tu vivi nell'oscurità e la malvagità nascosta dentro di te sarà rivelata quando la perfetta luce della verità di Dio splenderà su di te.

Una volta io pensavo di essere una persona talmente buona e nobile da poter vivere senza legge. Ma quando accettai il Signore e iniziai a riflettermi nello specchio della Parola di verità, ho scoperto quale uomo perduto fossi stato in realtà. Il mio modo di agire, parlare, sentire e quello che pensavo erano contro la Sua Parola.

Dio lodò Giobbe dicendo *"... Poiché sulla terra non c'è nessun altro come lui, che è integro retto, tema DIO e fugga il male"* (Giobbe 1:8). Ma quello stesso Giobbe considerato uomo irreprensibile e retto, pronunciò parole di lamento, protesta e gemito per le gravi prove che patì.

Egli confessò *"Anche oggi il mio lamento è una rivolta, per quanto io cerchi di contenere il mio gemito"* (Giobbe 23:2 – Nuova Riveduta) e disse *"Come vive Dio che mi ha privato del mio diritto, e l'Onnipotente che mi ha amareggiato l'anima"* (Giobbe 27:2).

Giobbe si ritrovò ad esporre la sua malvagità e cattiveria attraverso una vita minacciata da prove, anche se lui era stato nominato "uomo irreprensibile e retto." Chi potrà mai dichiarare di essere senza peccato agli occhi di Dio, che è luce senza alcuna tenebra?

Agli occhi di Dio, ogni residuo di peccato nel cuore umano, come odio, invidia, atti peccaminosi, percosse, liti, furti, sono tutti ritenuti peccato. Questo è quanto Dio dice esplicitamente in 1 Giovanni 1:8 *"Se diciamo di essere senza peccato inganniamo noi stessi e la verità non è in noi."*

Accettare Gesù Cristo

l'Iddio d'amore ha mandato il Suo unigenito Figlio Gesù sulla terra per riscattarci dai nostri peccati. Per noi Gesù fu crocifisso e versò il Suo sangue prezioso, immacolato ed irreprensibile. Fu condannato a morte per i nostri peccati, ma il terzo giorno spezzò il potere della morte risorgendo. Quaranta giorni dopo la Sua risurrezione, ascese in cielo davanti agli occhi dei Suoi discepoli mentre prometteva che sarebbe tornato di nuovo per portarci in cielo (Atti 1).

Ora riceverai lo Spirito Santo come un dono e sarai sigillato come figlio di Dio quando crederai al piano della salvezza ed accetterai Gesù Cristo nel cuore come tuo Salvatore. Riceverai anche il diritto di diventare figlio di Dio, come promette Giovanni 1:12: *"Ma a tutti quelli che l'hanno ricevuto egli ha dato il diritto di diventar figli di Dio: a quelli, cioè, che credono nel Suo nome"* (Nuova Riveduta).

Il diritto di diventare figlio di Dio

Pensa a quando un bambino viene al mondo. I suoi genitori

certificano la sua nascita presso l'anagrafe della città e lo registrano come loro figlio, con il nome e il cognome. Nello stesso modo, se sei nato di nuovo come figlio di Dio, il tuo nome è registrato nel Libro della Vita in cielo e ricevi di diritto la cittadinanza celeste.

Quando accetti Gesù Cristo sei al primo livello di fede, diventi figlio di Dio, ottieni il perdono dei tuoi peccati (1 Giovanni 2:12), e puoi chiamare Dio *"Padre"* (Galati 4:6). Proverai gioia per il fatto che riceverai lo Spirito Santo, anche se ancora non conosci la parola di Dio della verità e, guardandoti intorno, sentirai l'esistenza di Dio.

Per questo il primo livello di fede è chiamato "Fede per Ricevere la Salvezza," oppure "Fede per Ricevere lo Spirito Santo," ed è equivalente alla "Fede dei Lattanti e dei Bambini ai Primi Passi, "ovvero la "Fede del Fieno," come ho descritto prima.

2. Avete ricevuto lo Spirito Santo?

In Atti 19:1-2 Paolo, l'apostolo per i Gentili che dedicò se stesso alla predicazione del vangelo, incontrò alcuni discepoli ad Efeso e chiese loro "Avete ricevuto lo Spirito Santo, quando avete creduto?", ed essi risposero *"Non abbiamo neppure udito che vi sia uno Spirito Santo."* Queste persone ricevettero il battesimo in acqua del pentimento che Giovanni il Battista praticava, ma non il battesimo dello Spirito Santo che è un dono di Dio.

Come Dio aveva promesso in Gioele 2:28 ed Atti 2:17 di riversare il Suo Spirito su ogni carne negli ultimi giorni, così fu adempiuto e le persone che ricevettero lo Spirito di Dio, lo

Spirito Santo, stabilirono la chiesa. Come i discepoli in Efeso, vi sono molte persone che dichiarano di credere in Dio ma vivono senza sapere chi sia lo Spirito Santo e cosa significhi essere battezzati in Lui.

Se ricevi il diritto di essere figlio di Dio accettando Gesù Cristo, Egli ti darà lo Spirito Santo come dono per garantire quel diritto. Perciò, se non conosci lo Spirito Santo non puoi essere chiamato né ritenuto un figlio di Dio. 2 Corinzi 1:21-22 dice *"Or colui che ci conferma assieme a voi in Cristo e ci ha unti è Dio, il quale ci ha anche sigillati e ci ha dato la caparra dello Spirito nei nostri cuori."*

Ricevere lo Spirito Santo

Atti 2:38-39 spiega in dettaglio come si possa ricevere lo Spirito Santo: *"Ravvedetevi e ciascuno di voi sia battezzato nel nome di Gesù Cristo per il perdono dei peccati, e voi riceverete il dono dello Spirito Santo. Poiché la promessa è per voi e per i vostri figli e per tutti coloro che sono lontani, per quanti il Signore Dio nostro ne chiamerà."*

Confessando i propri peccati, pentendosi umilmente e credendo che Gesù è il Salvatore, tutti possono essere salvati e ricevere il dono dello Spirito Santo.

Per esempio in Atti 10 si legge che un giorno l'apostolo Pietro visitò la casa di un gentile, un uomo di Cesarea chiamato Cornelio e predicò il vangelo di Gesù Cristo a lui e a tutta la sua famiglia. Durante la predica, lo Spirito Santo venne su di loro e essi cominciarono a parlare in lingue.

Chi riceve lo Spirito Santo, accettando Gesù Cristo come

proprio Salvatore, è al primo livello di fede. A questo livello non si può ricevere altro che la salvezza, non avendo ancora rinunciato ai propri peccati lottando contro di essi, né adempiuto i propri doveri determinati da Dio che portano gloria al Padre.

Il criminale che fu crocifisso a fianco di Gesù, L'accettò come suo personale Salvatore, e la misura della sua fede è stata quella del primo livello.

3. La fede del ladrone penitente

Luca 23 racconta dei due criminali crocifissi ai lati del Figlio di Dio: uno si beffò di Lui, l'altro, dopo avere rimproverato il suo compagno per questo, accettò Gesù come Salvatore pentendosi dei propri peccati e Gli disse: *"Signore, ricordati di me quando verrai nel tuo regno,"* ed Egli rispose *"In verità ti dico: oggi tu sarai con me in paradiso"* (v. 42-43).

Il "Paradiso" che Gesù ha promesso al criminale è un luogo che si trova alla periferia del cielo. E' là che entreranno e dimoreranno per sempre le persone dal primo livello di fede, anime salvate alle quali non verrà data alcuna ricompensa. Questo criminale fu redento perché confessò i suoi peccati seguendo la propria buona coscienza, e fu perdonato perché accettò Gesù Cristo come suo Salvatore.

Egli non ebbe l'opportunità di operare per il Signore sulla terra, ecco perché ricevette la promessa del Paradiso, luogo dove non c'è ricompensa. Dopo aver accettato Gesù e ricevuto lo Spirito Santo, se la fede non cresce fino ad essere almeno grande come un granello di senape, saremo soltanto salvati e dimoreremo in Paradiso senza ricevere alcuna rimunerazione eterna.

Non bisogna però pensare che solo i nuovi credenti o i neonati nello Spirito siano al primo livello della fede. Anche se conduci da molto tempo una vita cristiana, servendo pure la chiesa come anziano o diacono, ma le tue opere finiscono bruciate e ridotte a cenere nella prova del fuoco, non riceverai altro che la salvezza.

Perciò, dopo aver ricevuto lo Spirito Santo, bisogna pregare e sforzarsi di vivere secondo la parola di Dio. Se non vivi da essa e continui a peccare, il tuo nome sarà cancellato dal Libro della Vita e non entrerai in cielo.

4. Non spegnete lo Spirito Santo

Ci sono persone che una volta erano fedeli, ma nel tempo sono gradualmente divenute tiepide nella loro fede per diverse ragioni, e proprio per questo riceveranno appena la salvezza.

Un uomo che era stato anziano della mia chiesa, servì fedelmente su molti fronti, e dall'esterno la sua fede sembrava grande. Però improvvisamente si ammalò in maniera molto grave, tanto da non riuscire nemmeno a parlare, e richiese la mia preghiera.

Piuttosto che per la sua salute, pregai per la sua salvezza. In quel momento la sua anima era in agonia a causa della lotta che stava avendo luogo tra gli angeli, che cercavano di portarlo in cielo, e gli spiriti immondi che tentavano di portarlo all'inferno.

Se lui avesse avuto abbastanza fede da essere salvato, gli spiriti malvagi non sarebbero venuti a prenderlo. Immediatamente pregai cacciando gli spiriti malvagi e chiesi a Dio di ricevere quest'uomo. Subito dopo la preghiera, egli ricevette conforto e pianse; si pentì poco prima di morire e fu soltanto salvato.

Similmente, se hai ricevuto lo Spirito Santo e sei stato nominato alla posizione di diacono o anziano della chiesa ma continui a vivere nel peccato, sappi che questi è una vergogna agli occhi di Dio. Se non ti converti dallo stile di vita tiepido, lo Spirito Santo che è in te svanirà gradualmente e non sarai salvato.

Quando però la chiesa affrontò una grande prova, egli non cercò nemmeno di difenderla o proteggerla, ma permise ai suoi pensieri di essere controllati da Satana: le parole che uscirono dalla sua bocca costruirono un grande muro di peccato tra lui e Dio, e alla fine non ha più potuto godere della protezione di Dio e fu colpito da una malattia seria.

Da servo di Dio, egli non avrebbe dovuto vedere o ascoltare ciò che andava contro la verità e la volontà di Dio, invece non solo le ascoltò, ma le diffuse. Il Signore non poteva far altro che togliere il Suo volto da quell'uomo, perché egli si era deviato dalla grande grazia di Divina che l'aveva guarito da una grave malattia. Le sue ricompense svanirono e non ebbe più forza di pregare; la sua fede regredì e alla fine arrivò al punto di non essere neanche più sicuro della sua stessa salvezza.

Fortunatamente, il Signore si ricordò dei servizi che egli aveva reso alla chiesa in passato, e per questo gli garantì quanto meno la salvezza dopo avergli dato la grazia del pentimento per ciò che aveva fatto.

Bisogna dunque comprendere che per Dio è più importante l'attitudine delle profondità del cuore nei Suoi confronti ed agire secondo la Sua volontà, piuttosto che i nostri anni di fede. Se frequenti regolarmente una chiesa ma edifichi un muro di peccato disubbidendo alla Parola di Dio, lo Spirito Santo in te svanisce, e perdi anche la tua fede, piccola come un granello di senape (1 Tessalonicesi 5:19), e non ricevi la salvezza.

In Ebrei 10:38 Dio dice: *"E il giusto vivrà per fede, ma se si tira indietro l'anima mia non lo gradisce."* Che tristezza ritornare nel mondo dopo aver ricevuto la fede! Devi rimanere costantemente all'erta per non essere tentato o regredire da essa.

5. Adamo ha ricevuto la salvezza?

Molte persone si chiedono cosa sia accaduto ad Adamo ed Eva dopo aver mangiato il frutto dell'albero della conoscenza del bene e del male. Hanno ricevuto una possibilità di salvezza anche dopo essere stati maledetti e cacciati dal Giardino dell'Eden a causa della loro disubbidienza?

Scaviamo nel processo attraverso cui il primo uomo, Adamo, disubbidì al comando di Dio. Dopo aver creato cieli e terra, Dio formò l'uomo dalla polvere della terra a Sua immagine e somiglianza. Quando soffiò in lui l'alito di vita, egli diventò un essere vivente. Poi, piantò un giardino in Eden, ad est, separato dalla terra e là condusse l'uomo.

In questo ambiente, dove tutto era più bello ed abbondante

di qualsiasi altro luogo sulla terra, Adamo non mancava di nulla, godeva della benedizione di vita eterna e del diritto di usufruire di ogni cosa. Inoltre il Signore diede ad Adamo un aiuto, Eva, e li custodì entrambi per essere fruttiferi, prosperi, affinché riempissero la terra. Così, benedisse il primo uomo, Adamo, per vivere in un ambiente perfetto e completo.

C'era però una cosa che Egli aveva proibito loro dicendo: *"... ma dell'albero della conoscenza del bene e del male non ne mangiare, perché nel giorno che tu ne mangerai, per certo morrai"* (Genesi 2:17). Questo indica il marchio dell'assoluta sovranità di Dio e che Egli aveva stabilito un ordine tra Se stesso e l'umanità.

Dopo un lungo periodo i due, cedendo alla tentazione del serpente, trascurarono il comando di Dio e mangiarono il frutto dell'albero proibito. Peccarono, e come risultato del loro peccato, i loro spiriti morirono. Di conseguenza, divennero dei peccatori carnali.

Furono cacciati dal Giardino dell'Eden per vivere sulla terra e patire ogni genere di sofferenze, malattie, lacrime, dolore, e infine, morire come Dio aveva detto: *"...certamente morrai."*

Adamo ed Eva ricevettero la salvezza? Andarono in paradiso? Essi disubbidirono al comando di Dio e peccarono contro Lui. Su questo alcuni disputano dicendo che non furono salvati, perché peccarono e causarono la maledizione su ogni cosa e la sofferenza di tutti i loro discendenti. Eppure, il Dio d'amore aprì la via della salvezza anche per loro! Anche dopo aver peccato, i loro cuori rimasero più puri e gentili verso Dio di quanto lo siano quelli di chi vive oggi in questo mondo malvagio, persone macchiate di ogni sorta di peccato e perversità.

Come risultato del peccato, Adamo dovette faticare con sudore, diversamente da quando viveva nel Giardino dell'Eden; Eva invece dovette partorire con grande dolore, cosa che non aveva mai provato nel Giardino dell'Eden. Inoltre ambedue testimoniarono l'omicidio di uno dei loro figli, commesso dall'altro.

Attraverso quelle sofferenze ed esperienze, Adamo ed Eva cominciarono a comprendere quanto fossero preziose le benedizioni e l'abbondanza a loro disposizione nel Giardino dell'Eden. Sentirono la mancanza del tempo che avevano vissuto nell'amore e nella protezione di Dio, riconoscendo che tutto quello che avevano goduto nel Giardino dell'Eden era stato frutto della benedizione e dell'amore di Dio. Così, di certo, si pentirono totalmente della loro disubbidienza al comando del Signore.

Come poteva l'Iddio d'amore rifiutare il frutto del pentimento, quando può perdonare anche un assassino che si pente dal profondo del suo cuore? E' un dato di fatto che Adamo ed Eva furono creati direttamente con le mani da Dio stesso e che furono allevati per molto tempo nella Sua grazia e cura. Quindi, come avrebbe mai potuto mandarli all'inferno?

L'Eterno accettò il pentimento dei due e li condusse sulla via della salvezza nel Suo amore. Chiaramente furono soltanto salvati e raggiunsero il Paradiso. Questo dipese dal fatto che essi rinnegarono l'amore di Dio nonostante Egli li amasse immensamente. La loro disubbidienza non era una questione banale, infatti causò grande dolore al cuore di Dio e provocò la morte e il dolore delle successive generazioni.

Supponi che ci sia un bambino che, malgrado il passare degli anni, non cresce. Quando un figlio in fase di crescita ha un buono sviluppo, i suoi genitori sono felici; ma se contrariamente il piccolo mangia ma non cresce, la loro ansia e le loro preoccupazioni aumentano di giorno in giorno.

Allo stesso modo, anche tu, una volta ricevuto lo Spirito Santo e raggiunta la fede piccola come un seme di senape, devi sforzarti di migliorare imparando e ubbidendo alla parola di Dio. Solamente dopo potrai ricevere qualunque cosa chiederai nel nome del Signore, dando gloria a Lui e avanzando verso il Regno dei cieli.

Non potrai ritenerti soddisfatto solo sapendo di essere salvato e di aver ricevuto lo Spirito Santo, ma dovrai impegnarti per elevarti alla misura più alta della fede e godere dei diritti e delle benedizioni dei figli adorati di Dio. E prego questo nel nome del Nostro Signore!

Capitolo 5

Fede per Imparare a Vivere Secondo la Parola

La Misura della Fede

Io scopro dunque questa legge:

che volendo fare il bene, in me è presente il male.

Infatti io mi diletto nella legge di Dio secondo l'uomo interiore,

ma vedo un'altra legge nelle mie membra, che combatte contro la legge

della mia mente e che mi rende schiavo della legge del peccato che

è nelle mie membra. O miserabile uomo che sono!

Chi mi libererà da questo corpo di morte?

Io rendo grazie a Dio per mezzo di Gesù Cristo, nostro Signore.

Io stesso dunque con la mente servo la legge di Dio,

ma con la carne la legge del peccato.

(Romani 7:21-25)

Dal momento che inizi a camminare con Cristo e ricevi lo Spirito Santo, ti avvii ad una vita fervente con una fede che arde, e di conseguenza sarai riempito con la gioia della salvezza. Ti sforzi di rispettare la parola di Dio quando vieni a conoscenza del Signore e del cielo. Lo Spirito Santo ti aiuta a capire la verità e a seguirne la via. Se disobbedisci alla Parola di Dio, ti sentirai travagliato perché lo Spirito Santo in te gemerà, e comprenderai cosa sia veramente il peccato.

In questo modo, anche se già hai la fede che ti abilita ad essere salvato, man mano che essa matura, ti sforzi di vivere secondo la parola divina. Esaminiamo in dettaglio quale dovrebbe essere la condotta di vita a questo livello di fede.

1. Secondo livello di fede

Al momento della salvezza, credi in Gesù Cristo e giungi al primo livello di fede, è probabile che commetterai peccati senza nemmeno saperlo perché hai una conoscenza limitata della parola di Dio. La stessa cosa vale per il bambino che, anche se nudo, non prova vergogna.

Ma, se ascolti la Parola di Dio e nello spirito senti che in essa c'è vita, avrai sempre più fame di ascoltarla e sempre più voglia di pregare. Nell'osservare l'esempio di vita dei fedeli collaboratori della chiesa, desidererai anche tu di condurre una vita fedele a Cristo.

Di conseguenza, e gradualmente, ti allontanerai dai comportamenti tipici di chi non conosce Dio, frequenterai una comunità e ti sforzerai di ascoltare la parola di Dio. Una volta amavi associarti con amicizie del mondo, ma adesso il tuo desiderio è quello di seguire gli insegnamenti spirituali e di avere comunione con i fratelli, perché il tuo cuore ricerca lo Spirito.

Nel secondo livello della fede, essendo figlio di Dio, impari come si conduce una buona vita cristiana, attraverso le predicazioni e le testimonianze di altri fratelli e sorelle in Cristo.

Naturalmente apprendi a vivere come un vero cristiano: onorerai il giorno del Signore e porterai l'intera decima nella casa di Dio; imparerai a rallegrarti, a pregare, a rendere grazie del continuo; imparerai ad amare i tuoi vicini di casa, come se fossero il tuo stesso corpo, ma anche i tuoi nemici. Non solo rinuncerai a qualsiasi tipo di malvagità come odio, invidia, giudizio, calunnia, ma attingerai dal cuore di Dio. Attraverso questa connessione deciderai di vivere secondo la Parola.

2. Lo stadio più difficile della vita di fede

Ora che conosci la verità della Parola, ti sforzerai di vivere secondo Essa. Allo stesso tempo, sentirai anche il peso gravoso del vivere secondo la Parola perché non è sempre facile. Infatti, i tuoi propositi sembrano essere in conflitto con la tua volontà.

In molti casi, non riesci a vivere secondo la Parola perché la forza spirituale necessaria per seguirla non ti è stata ancora data.

Alcune persone si lamentano dicendo "Vorrei non aver mai conosciuto la chiesa!"

Chiarisco questo con un esempio: ogni domenica vuoi onorare il giorno del Signore, ma a volte non riesci a mantenerlo a causa di incontri o appuntamenti; a volte frequenti il servizio di culto della mattina ma non vai a quello serale; altre volte vai a visitare famiglia ed amici e non riesci, quindi, a frequentare il servizio di adorazione della domenica.

Sai anche che devi offrire a Dio l'intera decima, ma non sempre rispetti questo comando. Altre volte ti ritrovi pieno di odio verso qualcuno, anche se non lo vorresti, oppure la concupiscenza si accende alla vista dell'attraente sesso opposto, perché quell'elemento di peccato e malvagità sono ancora presenti nel cuore (Matteo 5:28).

Se ti trovi al secondo livello di fede, cercherai di fare del tuo meglio per ubbidire alla parola di Dio, anche se la forza necessaria a farlo non ti è stata ancora pienamente data. Ciononostante, metterai tutto il tuo impegno per rinunciare al peccato, ad esempio giudicare gli altri, provare invidia, gelosia, commettere adulterio ed ogni altra cosa che va contro la Parola.

Non ubbidire sempre alla Parola

In Romani 7:21-23, l'apostolo Paolo presenta in dettaglio la ragione per cui il secondo livello della fede è il momento più difficile della vita cristiana:

Io scopro dunque questa legge: che volendo fare il bene, in me è presente il male. Infatti io mi diletto nella legge di Dio secondo l'uomo interiore, ma vedo un'altra legge nelle mie membra, che combatte contro la legge della mia mente e che mi rende schiavo della legge del peccato che è nelle mie membra.

Alcuni cristiani sono afflitti perché conoscono la Parola ma ancora non ubbidiscono ai comandi di Dio. È qui che entra in gioco il dovere dei leader spirituali a guidare saggiamente le persone sulla via della verità.

Prendiamo come esempio un uomo che non riesce a smettere di fumare o bere. Se lo rimproveri dicendogli "Se continui a fumare o bere, Dio si adirerà con te," egli esiterà a venire in chiesa e alla fine abbandonerà Dio. Piuttosto sarebbe meglio incoraggiarlo, dicendogli "Puoi smettere facilmente di fumare e bere con l'aiuto del Signore. Se la tua fede cresce, sarà facile smettere. Quindi, prega continuamente avendo fede in Dio." In questo caso, non lo guiderai al Signore attraverso il senso di colpa e la paura, ma con gioia e ringraziamento e la sensazione di sicurezza dell'amore di Dio.

Facendo un altro esempio, supponiamo che ci sia uomo che frequenta solamente il servizio della domenica mattina ma salta quello del pomeriggio per aprire il suo negozio. Cosa gli diresti? Sarebbe meglio ammonirlo gentilmente dicendo parole come "Dio si compiace completamente in te quando rispetti il Suo giorno. Se mantieni il giorno del Signore santo e preghi per ricevere le Sue benedizioni, vedrai certamente che Dio ti benedirà più abbondantemente di quanto potresti guadagnare tenendo aperto il tuo negozio nel Suo giorno."

Nessun credente dovrebbe rimanere uguale, senza cambiare, senza crescere. Possiamo osservare ciò nello sviluppo di un bambino; quando non cresce correttamente o nel modo opportuno, c'è qualcosa che non va in lui e quasi sicuramente si ammalerà, o addirittura morirà. Una fede senza crescita, ti indebolirà fino a condurti, nel tempo, molto lontano dalla via della salvezza. Che scenario triste quello di chi perde la salvezza! Gesù dice in Apocalisse 3:15-16 *"Io conosco le tue opere, che tu non sei né freddo né caldo. Oh, fossi tu freddo o caldo! Così, perché sei tiepido e non sei né freddo né caldo, io sto per vomitarti dalla mia bocca."* Dio ci rimprovera e informa che non possiamo essere salvati con una fede tiepida. Dio può condurti al pentimento e alla salvezza attraverso le prove se la tua fede è fredda, ma se questa è tiepida, non ti sarà facile ritrovare te stesso e pentirti dei tuoi peccati.

3. La fede degli Israeliti durante l'esodo

Quando non riusciamo a vivere secondo la parola di Dio, tendiamo a lamentarci, a borbottare riguardo le difficoltà, invece di superarle con fede e gioia. Ciononostante, l'Iddio d'amore ci sostiene e ci incoraggia continuamente a vivere e rimanere nella verità.

Facciamo un esempio. Il popolo d'Israele, dopo aver vissuto in Egitto in schiavitù per quasi 400 anni, uscì dalla terra dei faraoni sotto la guida di Mosè, e mentre marciava verso la terra di Canaan, fu testimone diretto delle manifestazioni potenti di Dio.

Essi videro con i propri occhi le dieci piaghe inflitte all'Egitto; la divisione delle acque del Mare Rosso; l'acqua amara di Marah cambiata in acqua dolce e bevibile; mangiarono anche la manna e le quaglie che vennero giù da cielo mentre attraversarono il deserto di Sin. Testimoniarono le opere della meravigliosa potenza di Dio in questo e altro modo.

Eppure, non fecero altro che lamentarsi piuttosto che pregare con fede ogni qualvolta affrontavano delle difficoltà. Ciononostante, Dio, che abbonda in amore, ne ebbe misericordia e rimase con loro per condurli giorno e notte finché raggiunsero la Terra Promessa.

Un popolo pieno di lamentele e risentimento

Perché il popolo d'Israele non smetteva di mormorare ogni volta che si presentavano prove e difficoltà? Di certo, non a motivo delle situazioni, ma a causa della loro fede. Se avessero avuto la fede vera, avrebbero goduto di Canaan, la Terra Promessa, nei loro cuori, anche se in realtà erano ancora nella regione selvaggia.

In altre parole, se avessero creduto che Dio li stava certamente conducendo nella terra di Canaan, sarebbero arrivati superando qualunque genere di difficoltà, senza angoscia o dolore a prescindere da qualunque tipo di opposizione li avesse colti in quella regione selvaggia.

Indipendentemente dalle situazioni, le persone hanno differenti reazioni a seconda del loro tipo di fede e dall'attitudine con cui si pongono. Per alcuni i momenti difficili causano inquietudine; altri li accettano con un senso di dovere; altri ancora trovano la volontà di Dio nel mezzo delle difficoltà e ubbidiscono con gioia e ringraziamento.

Come si può condurre una vita in Cristo piena di ringraziamento senza lamentele? A questo proposito vorrei portarvi un esempio. Supponiamo che tu viva a Seoul e che abbia grandi difficoltà finanziarie.

Un giorno, qualcuno viene da te e ti dice "C'è un diamante grande come un pallone da calcio che si trova sotto la sabbia della spiaggia di Pusan, approssimativamente 266 miglia a sud-est di Seoul. Se lo trovi è tuo, a una condizione però: puoi raggiungere questa spiaggia a piedi, camminando o correndo, ma non ti è permesso arrivarci né in macchina, né in autobus, né in bicicletta, né in treno né in aeroplano."

Come reagiresti? Sicuramente non diresti "Bene, grazie. Adesso il diamante è mio perché mi è stato dato, quindi posso andare a cercarlo anche l'anno prossimo," ma non diresti neanche: "Ci andrò il mese prossimo perché in questi giorni sono troppo occupato." Sono certo, invece, che nell'istante in cui ti danno la notizia, avrai già cominciato a correre.

Infatti, la maggior parte delle persone, dopo aver ricevuto un tale avviso, si precipiterebbe in strada in modo da raggiungere la spiaggia di Pusan il prima possibile. Nessuno abbandonerebbe la corsa verso Pusan malgrado il dolore ai piedi o l'estrema stanchezza. Sono certo che anche tu voleresti per trovare il diamante prezioso, senza lagnarti del dolore, con gratitudine e felicità.

Allo stesso modo, se hai la speranza fiduciosa per l'eterno e meraviglioso regno dei cieli e una fede irremovibile, avanzerai nella corsa della fede, senza lagnarti di niente, finché non arriverai in cielo.

Persone obbedienti

Se ubbidisci alla parola di Dio non ti sentirai afflitto o aggravato nel condurre una vita cristiana, ma proverai gioia e piacere. Se la vita di fede inizia ad esserti scomoda, è un chiaro allarme della tua disobbedienza alla parola di Dio e del tuo vivere contro la Sua volontà.

Ecco una allegoria. Nel passato, i cavalli venivano usati per trasportare i carri, e nel cammino venivano spesso frustati, anche dallo stesso padrone. Ovviamente se ubbidivano, andando nel verso indicato dal cocchiere, non venivano colpiti; se però, iniziavano ad andare per la propria strada, senza seguire le indicazione, venivano severamente battuti.

Lo stesso vale per le persone che disubbidiscono alla parola di Dio: esse seguono le proprie vie causando il dolore del "Padrone," e di tanto in tanto verranno colpiti. Al contrario, le persone che ubbidiscono alla parola di Dio dicendo "Signore parlami, e io Ti seguirò," conducono una vita facile e piena di pace.

Per esempio, Dio ha comandato "Non rubare." Quando ubbidisci a questo comandamento, ti sentirai in pace; quando gli disobbedisci, invece, sarà tutto più complicato perché hai in te il desiderio di rubare. È molto naturale che un figlio di Dio rigetti tutto ciò che Egli gli comanda di rifiutare. Se non fosse così, la persona diverrebbe angosciata nel suo cuore.

Ecco perché in Matteo 7:13-14 Gesù disse *"Entrate per la porta stretta, perché larga è la porta e spaziosa la via che conduce alla perdizione, e molti sono coloro che entrano per essa. Quanto stretta è invece la porta e angusta la via che conduce alla vita! E pochi sono coloro che la trovano!"*

Chi è all'inizio nel cammino della fede, trova difficile e duro cercare di entrare nella porta stretta, obbedire alla parola di Dio; ma poi, si comincia a comprendere che è l'unica strada che porta al cielo e alla vera felicità.

4. Credere e obbedire

Probabilmente avete sentito molte volte i seguenti versi di 1 Tessalonicesi 5: *"Siate sempre allegri. Non cessate mai di pregare. In ogni cosa rendete grazie, perché tale è la volontà di Dio in Cristo Gesù verso di voi"* (v. 16-18).

Perdi la gioia quando ti accade qualcosa di triste? Ti incupisci quando qualcuno ti procura guai? Ti riempie di ansia la preoccupazione delle tue difficoltà finanziarie, o sei perseguitato da qualcuno?

Alcuni pensano che sia da ipocriti essere sempre allegri e riconoscenti in tempi di difficoltà, e si domandano "Perché dovrei ringraziare quando non c'è nulla per cui essere grato?" Sanno anche che dovrebbero essere pazienti, ma si adirano e si infervorano quando devono affrontare situazioni insopportabili.

Commettono adulterio nel cuore quando guardano donne attraenti, perché non hanno ancora rigettato la concupiscenza dal cuore. Queste cose provano che tali persone non hanno rifiutato il proprio peccato, che non lottano contro la propria concupiscenza, non ubbidendo alla Parola.

Non sentire la voce dello Spirito Santo

Se conosci bene la parola divina ma non la metti in pratica, non puoi sentire la voce dello Spirito Santo né essere guidato da Lui, perché avrai costruito un muro di peccato tra te e Dio. Eppure, anche una persona all'inizio del cammino nella fede può sentire la Sua voce ed essere condotta da Lui, se ovviamente continua ad ubbidire alla Sua parola. Così come un bambino non ha nulla di cui preoccuparsi quando ubbidisce ai suoi genitori, Dio si compiace di chi, anche se con una piccola fede, continua ad obbedirGli.

Ecco un esempio. I genitori si prendono cura dei loro figli in ogni aspetto finché sono neonati. Quando iniziano a camminare e mangiare da soli, però, non li trattano più da bebè, agiscono sempre meno per loro conto, e così via, fino all'età della scuola. Questo non significa, però, che i genitori abbiano smesso di preoccuparsi dei loro figli, di cosa indossano o di ciò che fanno.

Allo stesso modo, se da tanto tempo sei un credente, dovresti assolutamente obbedire alla parola di Dio. Se la ascolti, ma continui a vivere da neonato, accrescendo così il muro di peccati che ti separa da Dio, purtroppo, non sarai immune da prove.

In tal caso, non riceverai le risposte che cerchi neanche se preghi; non porterai buon frutto con la tua vita; non riceverai la protezione di Dio; non prospererai, ma andrai incontro a difficoltà; vivrai una vita piena di dolori, stanchezza, ansie e preoccupazioni.

Senza risposte e protezione

Quando raggiungi il secondo livello di fede, sai bene cos'è il peccato e sai anche che devi gettare via ogni forma di malvagità e falsità che ancora è presente dentro di te. Se non hai rinunciato a queste cose, al contrario sono sempre presenti nella tua mente, come puoi presentarti davanti al Dio santo, che è luce, senza vergogna? Il tuo nemico, Satana, il diavolo, ti si avvicinerà inducendoti a dubitare di Dio e, alla fine, ti tenterà per farti tornare nel mondo.

C'era un anziano della mia chiesa che cercò di far fruttare i suoi affari, chiedendosi sempre cosa realizzare per il suo buon Pastore.

Nonostante tutto, egli non ebbe successo perché era fisicamente fedele ma il suo cuore non era circonciso, e questa è la cosa più importante. A causa dei suoi pensieri carnali e del suo cuore, oltre a non dare gloria a Dio nei suoi business, faceva commenti disonesti, era iracondo e disubbidiva in molti aspetti alla Sua parola.

Se i suoi problemi finanziari e interpersonali fossero continuati, egli non avrebbe mantenuto la fede, ma l'avrebbe compromessa con l'ingiustizia. A motivo della regressione della sua fede, avrebbe potuto perdere tutti i premi che aveva guadagnato fino a quel momento, ma Dio richiamò la sua anima nel momento migliore, prima che ciò potesse accadere.

Ecco perché occorre comprendere che la cosa più importante non è la fedeltà fisica o i titoli e le posizioni che conquistiamo in chiesa, ma piuttosto, liberarsi dei propri peccati e vivere secondo la Parola divina.

5. Cristiani immaturi e cristiani maturi

Tu sei al primo livello della fede, se e quando pecchi, non ti sentirai agitato, né avvertirai lo Spirito Santo gemere. Questo succede perché tu non sei ancora in grado di contraddistinguere la verità dalla falsità, e nemmeno comprendere che stai commettendo peccato mentre trasgredisci. Dio non ti accuserà molto severamente quando commetti peccato senza poter distinguere la verità dalla falsità, a causa della tua momentanea carenza di conoscenza della Sua parola.

È come quando non si incolpa un bambino piccolo per aver rovesciato un bicchiere d'acqua o per aver rotto un costoso vaso di ceramica mentre gattonava sul pavimento. I suoi genitori, o chi per essi, non imputeranno mai al piccolo questa responsabilità, ma piuttosto alla propria mancanza di attenzione.

Se ti trovi al secondo livello di fede, quando commetterai peccato, udrai bene la voce di dolore dello Spirito Santo dentro di te e l'angoscia del tuo cuore. Proprio perché sei come un piccolo bambino nello spirito, non sempre comprenderai ogni parola di Dio, e non ti sarà facile ubbidire alla Parola da solo. Ecco perché chiamo le persone ai primi due livelli della fede "Cristiani nutriti di latte."

Cristiani nutriti di latte

L'apostolo Paolo scrive in 1 Corinzi 3:1-3 quanto segue:

> Fratelli, io non ho potuto parlarvi come a spirituali, ma ho dovuto parlarvi come a carnali, come a

bambini in Cristo. Vi ho nutriti di latte, non di cibo solido, perché non eravate capaci di sopportarlo; anzi, non lo siete neppure adesso, perché siete ancora carnali. Infatti, dato che ci sono tra di voi gelosie e contese, non siete forse carnali e non vi comportate come qualsiasi uomo?

Se accetti Gesù Cristo, ricevi il diritto di diventare figlio di Dio e il tuo nome sarà scritto in cielo nel Libro della Vita, ciononostante verrai trattato come un bambino in Cristo, perché l'immagine perduta di Dio non ti è ancora stata completamente ripristinata.

Per questa ragione bisogna prendersi molta cura delle persone che sono al primo e al secondo livello di fede: vanno istruiti sulla parola di Dio ed incoraggiati a vivere secondo le scritture, così come si allattano i neonati.

Da qui la definizione "cristiani nutriti di latte." Se la loro fede cresce e cominciano autonomamente a capire e rispettare la parola di Dio, essi saranno chiamati "cristiani nutriti di cibo solido."

Se sei un cristiano nutrito di latte – al primo o secondo livello di fede – dovresti fare del tuo meglio per crescere e mangiare cibo solido. Ricordati però, che non puoi forzarti a condurre una vita da cristiano da cibo solido se devi ancora essere nutrito col latte: se così facessi, ti causeresti un'indigestione, esattamente quello che succederebbe ad un neonato se venisse forzatamente nutrito con alimenti solidi piuttosto che con latte.

Occorre essere saggi quando ci prendiamo cura di chiunque abbia una piccola fede, che sia il nostro sposo, nostro figlio o un nostro amico. Prima di tutto bisogna mettersi nei loro panni, conducendoli a crescere nella fede ed insegnando loro la volontà dell'Iddio vivente invece di colpevolizzarli o ammonirli per la loro fede.

Dio non castiga le persone nei primi due livelli di fede, anche se non santificano il giorno del Signore o non vivono completamente dalla Sua parola, anzi comprende la loro situazione e li conduce con amore. In questo modo, dovremmo essere capaci anche noi di discernere la misura della nostra fede, così come quella degli altri, agendo e pensando secondo essa.

Cristiani che mangiano cibo solido

Se ti sforzi di condurre una buona vita cristiana, anche trovandoti nei primi due livelli della fede, Dio ti protegge da molti guai e prove. Nondimeno, non ti dovresti fermare alla misura del secondo livello della fede, ma crescere ulteriormente. Così come i genitori si preoccupano quando i loro figli non crescono bene, adeguatamente, e al contrario, sono soddisfatti nel vedere in loro una buona crescita. Un figlio di Dio deve incrementare la sua fede con la Parola e la preghiera anche attraverso le difficoltà.

Così, se da una parte, al momento opportuno, Dio ti permette di attraversare delle prove per condurti al terzo livello della fede, Egli, dall'altra non solo ti benedice con la crescita della tua stessa fede ma anche con molte altre realtà. Più grandi le opposizioni che superi, maggiori le benedizioni di Dio.

D'altra parte, se dovresti già essere al terzo livello di fede, ma conduci ancora una vita come se ti trovassi al primo o al secondo livello, Dio ti porterà in situazioni difficili per disciplinarti, invece di farti affrontare prove per benedirti.

Supponiamo che c'è un bambino che non si nutre in maniera equilibrata, perché invece di mangiare cibo solido e nutriente continua a bere latte: se continua così, si ammalerà a causa della sua malnutrizione tanto che potrebbe pure morire. Naturalmente, in una tale situazione i genitori faranno del loro meglio per alimentare il figlio con cibo nutriente.

Allo stesso modo, quando i figli di Dio conoscono la Sua parola ma tornano sulla via che conduce alla morte perché non Gli ubbidiscono, il Signore stesso (che attraverso il Suo unigenito figlio Gesù Cristo vuole attirare a Sé dei figli veri) permette che attraversino delle prove e che Satana li accusi.

Dio tratta i Suoi figli così: *"Perché il Signore corregge chi ama e flagella ogni figlio che gradisce. Se voi sostenete la correzione, Dio vi tratta come figli; qual è infatti il figlio che il padre non corregga?"* (Ebrei 12:6-7)

Se un figlio di Dio commette peccati ma Egli non lo disciplina più, significa che la persona è molto lontana dal Suo amore. Questa è la tragedia di tutte le tragedie per tale individuo: andare all'inferno perché Dio non l'accetta più come Suo figlio.

Perciò, se nella tua vita affronti prove disciplinari provenienti da Dio a causa dei tuoi peccati, devi ricordarti che questo non è altro che l'evidenza del Suo amore e che hai la possibilità di pentirti dei tuoi peccati. Al contrario, se Dio non ti disciplina nonostante il tuo peccato, senza arrenderti davanti a questo fatto, dovresti pentirti delle tue trasgressioni e ricevere il Suo perdono.

Non vieni perdonato dei tuoi peccati solo pentendoti con le labbra, ma convertendoti con il cuore. Il vero pentimento non avviene per tua volontà ma per la grazia di Dio, perciò chiediGli sinceramente di dartela. Solo in questo caso, se la Sua grazia viene su di te, potrai davvero pentirti con cuore contrito, piangendo con lacrime e sospiri sinceri.

Solamente così il muro di peccati che ti separa da Dio sarà distrutto, ed il tuo cuore verrà rinfrescato e illuminato, e tu sarai riempito di Spirito Santo, gioia traboccante e gratitudine. Questa sarà l'evidenza che l'amore di Dio è stato ripristinato su di te.

Se poi dovresti trovarti al terzo livello della fede ma ti comporti e vivi come chi si trova al secondo, sarà piuttosto difficile che sia rilasciata in te la fede necessaria per risolvere i tuoi problemi. Quando la fede donata da Dio non ti viene affidata, è impossibile per te ricevere guarigione dalle malattie solo con la tua, e dovrai quindi usare i metodi tradizionali per guarire. Ma se ti penti completamente dei tuoi peccati, e con cuore contrito ti converti dalle tue vie scellerate, presto verrà ripristinato in te il terzo livello della fede.

Se comprendi questo principio di crescita della fede, non sarai più soddisfatto del tuo attuale livello di fede. Così, come un bambino cresce e raggiunge l'età giusta per iniziare a frequentare le elementari, poi le medie, le superiori ed infine l'università, anche tu dovrai fare del tuo meglio per accrescere la tua fede fino a raggiungere la misura più alta.

Se ti trovi al secondo livello della fede, con l'aiuto dello Spirito Santo, questa presto aumenterà perché anche se piccola come un granello di senape, è già stata piantata e concimata, è pronta a germogliare. In altre parole, la tua fede cresce fino ad uno stadio abbastanza alto da ubbidire alla parola di Dio, quando ti equipaggi e ascolti con attenzione la Sua parola, frequentando i servizio di culto, e pregando incessantemente.

Prego nel nome del nostro Signore che tu possa, non solo immagazzinare la Sua parola come mera conoscenza, ma ubbidire resistendo fino al sangue per raggiunge la fede più grande.

Capitolo 6

Fede per Vivere Secondo la Parola

Perciò, chiunque ascolta queste
mie parole e le mette in pratica,
io lo paragono ad un uomo avveduto,
che ha edificato la sua casa sopra la roccia.
Cadde la pioggia, vennero le inondazioni,
soffiarono i venti e si abbatterono su quella casa;
essa però non crollò, perché era fondata sopra la roccia.

(Matteo 7:24-25)

Persone diverse hanno diverse misure di fede. La fede è un dono di Dio datoci in una misura che viene determinata dall'azione della verità nel nostro cuore. Quando la nostra fede acquisita dalla conoscenza è trasformata nella vera fede donata da Dio, allora riceveremo risposte da Lui.

Come ho menzionato nei capitoli precedenti, al primo livello di fede riceviamo la salvezza, lo Spirito Santo e il nostro nome viene scritto nel Libro della Vita in cielo. Poi, cominciamo ad instaurare una relazione con Dio ed a chiamarLo "Padre."

Successivamente, la nostra fede crescerà, ameremo quindi ascoltare la parola di Dio, essere ripieni di Spirito Santo e seguire ciò che Egli dice. Eppure, non saremo ancora in grado di ubbidire l'intera Sua Parola: a questo livello, avremo ancora qualche peso che ci impedirà di seguirla appieno e non riceveremo tutte le risposte. Questo è il secondo livello della fede.

Come raggiungere poi il prossimo livello, il terzo, nel quale possiamo vivere davvero secondo la Parola? Che tipo di vita cristiana si può condurre al terzo livello della fede?

1. Il terzo livello di fede

Quando un uomo o una donna accetta il Signore e riceve lo

Spirito Santo, nel suo cuore viene piantato un seme di fede piccolo come un granello di senape. Se il seme di fede germoglia, si raggiunge un livello di fede nel quale si cerca di ubbidire alla parola ed in seguito, si raggiungerà un livello più alto nel quale si impara ad ubbidire.

Inizialmente non si rispetta molto della parola anche se essa viene ascoltata, ma crescendo la fede, crescerà anche una profonda comprensione di essa e si ubbidirà di più. Per questa ragione la "fede per ubbidire" è chiamata anche "fede che abilita a capire."

Capire la parola è diverso dall'immagazzinarla come semplice conoscenza; ovvero, una cosa è cercare di rispettare la Bibbia in tutti i modi perché si sa che è la parola di Dio, ma è ben altro ubbidire volentieri e prontamente ad essa perché si comprende il motivo per cui bisogna farlo.

Ubbidire alla Parola attraverso la comprensione

Ecco un esempio. Supponiamo che hai ascoltato una predicazione in cui si diceva quanto segue: "Se mantieni santo il giorno del Signore e dai la decima, Dio ti guiderà fuori da qualsiasi genere di guai e prove. Egli ti guarirà da qualsiasi malattia. Benedirà la tua anima e le tue finanze."

Se, dopo tale messaggio, pensi di conoscere la Parola ma non l'hai capita nel tuo cuore, non riuscirai a seguire sempre le Sue direzioni nella vita di tutti i giorni. Potrai anche cercare di ubbidire alla Parola pensando "Sì, questo sembra giusto" e a volte andrà bene, ma a seconda delle situazioni in cui ti troverai, potresti non riuscirci. Questo ciclo verrà ripetuto finché tu non raggiunga la fede perfetta nella Parola.

Se invece comprendi la Parola e credi in essa con tutto il tuo cuore, allora riuscirai a osservare il giorno del Signore, darai la decima interamente e non ti comprometterai malgrado i tempi e le circostanze siano difficili.

Facciamo un altro esempio: il presidente di una società dice a tutti i suoi impiegati "Se qualcuno di voi lavorerà oltre l'orario prestabilito, pagherò gli straordinari e darò una promozione a ciascuno." E' abbastanza naturale che tutti gli impiegati decideranno di fare degli straordinari sapendo che verranno pagati, perché hanno fiducia del loro datore di lavoro.

Sicuramente lavoreranno oltre l'orario a meno che non abbiano seri motivi dall'esimersi, invogliati anche dal fatto che generalmente occorrono diversi anni prima per ricevere una promozione in una qualsiasi società, oltre che lavorare duro e poi passare un esame di avanzamento. Considerando tutte queste cose, nessuno di quei lavoratori esiterà a fare gli straordinari almeno una notte, un mese o anche di più.

La stessa cosa vale per l'osservare il giorno del Signore e il dare la decima. Se hai completa fiducia nelle promesse di Dio riguardo questi precetti, cosa farai?

La tua obbedienza ti produce benedizioni

Quando mantieni santo il giorno del Signore, dai credito alla sovranità di Dio: in questo modo Lo riconosci Signore del mondo spirituale. Ecco perché, santificando il Suo giorno, Egli ti protegge da qualunque disastro o incidente e benedice la tua anima in modo che vada tutto bene. Riconosci la sovranità di

Dio anche attraverso la decima, perché in questo modo ammetti che tutte le cose nei cieli e sulla terra Gli appartengono.

Dio è il Creatore di tutte le cose, dunque la vita stessa viene da Dio, e così anche la forza con cui cerchi di fare il tuo meglio proviene da Lui. In altre parole, tutte le cose Gli appartengono. Per lo stesso principio, l'intero tuo reddito proviene da Dio, ciononostante Egli ti consente di dare a Lui solamente un decimo della somma che ricevi e tenere il resto per te.

Malachia 3:8-9 ci ricorda *"Un uomo deruberà DIO? Eppure voi mi derubate e poi dite: "In che cosa ti abbiamo derubato? Nelle decime e nelle offerte. Voi siete colpiti di maledizione perché mi derubate, sì, tutta quanta la nazione!"*

Dunque, da una parte, ti metterai sotto una maledizione se commetti il serio peccato di derubare Dio non dando la decima; dall'altro lato, se dai la decima per intero, in obbedienza al Suo comando, sarai sempre sotto la Sua protezione e riceverai le benedizioni in misura, pigiata, scossa e traboccante (Luca 6:38).

Una corretta comprensione conduce all'obbedienza

Solamente quando comprendi il vero significato della Parola, andando oltre alla semplice conoscenza, la rispetterai e riceverai da Dio le benedizioni che ti ricompenseranno per quello che hai fatto. Se non comprendi i veri significati della Parola, non potrai pienamente ubbidire ad essa, neanche se cercherai di farlo, perché è ancora solamente conoscenza a livello mentale.

Di conseguenza, dovrai impegnarti per fare crescere la tua fede. Se un bambino non viene cibato, in breve tempo muore; deve essere alimentato regolarmente; bisogna aiutarlo a muovere mani e piedi; deve vedere, ascoltare ed imparare dai suoi genitori e dagli altri. Attraverso questo processo, la conoscenza e la saggezza del bambino aumenta, cresce e matura bene e correttamente.

Similmente i credenti non devono solo ascoltare la parola di Dio, ma devono anche cercare di comprenderne il vero significato. Pregare affinché tu possa ubbidire ad essa, ti porterà a realizzare il suo significato e guadagnare la forza per rispettarla.

Per esempio, in 1 Tessalonicesi 5:16-18 il Signore dice *"Siate sempre allegri. Non cessate mai di pregare. In ogni cosa rendete grazie, perché tale è la volontà di Dio in Cristo Gesù verso di voi."* Le persone al secondo livello di fede con un forte senso del dovere pregano, ringraziano e gioiscono perché tutto ciò è comandato dal Signore; però ancora non Lo ringraziano quando non si sentono grati e non gioiscono quando attraversano situazioni difficili, perché a questo livello l'ubbidienza alla parola è semplicemente un forte senso del dovere.

Le persone al terzo livello, invece, ubbidiscono alla parola perché stanno in piedi sulla roccia della fede: capiscono il perché si debba essere costantemente grati, pregare incessantemente, e gioire continuamente. Dunque queste persone riescono ad essere sempre allegre e grate dal profondo del cuore, e pregano assiduamente in qualsiasi circostanza.

Ma poi, perché Dio ci comanda di rallegrarci del continuo? Quale è il vero significato di questo comando? Se ti rallegri solamente quando vivi momenti felici ed allegri, ed al contrario non lo fai quando affronti problemi o preoccupazioni, non sarai diverso da coloro che non credono in Dio.

Queste persone ricercano le cose di questo mondo perché non conoscono la provenienza degli esseri umani e tanto meno la loro destinazione finale. Perciò si comportano così: provano gioia quando le loro vite sono riempite di eventi piacevoli e felici, ma quando succede il contrario, vengono sopraffatti da preoccupazione, ansia, dolore, ovvero le tipiche reazioni dei non credenti.

I redenti, però, possono vivere in modo molto diverso, perché hanno la speranza del cielo. Noi, come credenti, non abbiamo bisogno di preoccuparci o essere ansiosi perché il nostro vero Padre è Dio, Colui che ha creato i cieli e la terra, che governa tutte le cose e la storia dell'umanità. Perché dovremmo preoccuparci o temere? Inoltre, dal momento che godremo della vita eterna nel regno celeste attraverso Gesù Cristo, non abbiamo nessun'altra alternativa se non quella di rallegrarci.

Fede per obbedire alla Parola

Se capisci la parola di Dio dal profondo del cuore, potrai essere allegro anche quando sembra impossibile, essere grato anche quando sembra non essercene motivo e pregare anche quando sembra che non ce la fai. Solo allora il tuo nemico, il diavolo, andrà via da te, le avversità e le difficoltà ti lasceranno e qualsiasi problema sarà risolto, perché l'Iddio Onnipotente è con te.

Se dici di credere nell'Iddio Altissimo ma sei sempre preoccupato, oppure non vuoi rallegrarti quando affronti contrarietà, ti trovi al secondo livello della fede.

Quando verrai trasformato, capirai veramente la parola di

Dio, riuscendo a gioire ed essere grato dal profondo del tuo cuore. Questo è quello che succede al terzo livello: più servirai e cercherai di amare gli altri, più l'odio lascerà il tuo cuore; man mano verrai riempito con amore spirituale e riuscirai ad amare anche i tuoi nemici. Questo accade perché comprendi col cuore l'amore del Signore, che andò sulla croce al posto dei peccatori.

Gesù fu crocifisso, insultato e maltrattato da peccatori malvagi pur avendo fatto sempre del bene e conducendo una vita irreprensibile. Egli non odiò chi Lo crocifisse, né insultò si beffava di Lui, ma pregò il Padre affinché potessero essere perdonati. Infine, dimostrò il Suo grande amore rinunciando alla Sua stessa vita per loro.

Prima di comprendere questo grande amore, probabilmente anche tu hai odiato chi ti ha fatto del male o calunniato qualcuno senza ragione. Adesso, però, puoi odiare il peccato ma non le persone che peccano. Inoltre non proverai invidia verso coloro che lavorano più sodo di te o che sono più stimati di te, ma sarai compiaciuto di loro e li amerai molto di più in Cristo. Nei primi tempi in cui hai udito la parola di Dio, puoi aver dubitato o giudicato secondo i tuoi pensieri, ma adesso la ricevi con gioia senza dubitare o giudicarla. Al terzo livello della fede si ubbidisce alla parola di Dio precetto per precetto.

Le ricompense di Dio richiedono la fede accompagnata da opere

Prima di incontrare Dio ho sofferto di ogni genere di malattia per sette anni, tanto da essere soprannominato "il Supermercato delle Malattie." Ho cercato di guarire in ogni modo, ma tutto invano e le mie infermità peggioravano ogni giorno di più; apparentemente era impossibile guarire attraverso la scienza medica, e a me non rimaneva altro che aspettare la morte.

Poi, un giorno, fui istantaneamente guarito dalla potenza di Dio e recuperai la mia salute. Attraverso questa esperienza meravigliosa ho incontrato l'Iddio vivente: da allora in poi ho avuto cieca fiducia in Lui e dipendo completamente dalle parole della Bibbia. Ho ubbidito incondizionatamente ad ogni parola divina, ho gioito in ogni circostanza, nonostante le difficoltà, e sono stato grato anche in diverse situazioni complicate sapendo che questo è quanto Dio dice di fare nella Bibbia.

E' stato mio grande piacere frequentare tutti i servizi di adorazione domenicali e pregare; ho anche rinunciato a ottime opportunità di impiego, andando a lavorare nei cantieri, perché ero determinato a mantenere santo il giorno del Signore.

Nondimeno, ero molto contento e grato per il fatto che Dio è mio Padre: è venuto a me quando a causa delle mie malattie attendevo la morte, e da subito Gli sono stato grato per la Sua incredibile grazia. Da quel momento ho continuato a pregare e digiunare per vivere pienamente dalla parola di Dio. Poi un giorno, ho sentito la Sua voce che mi ha chiamato a servirLo; da allora, con cuore obbediente, ho deciso di diventare un Suo buon servitore e oggi Lo servo come pastore.

Rendo ogni grazie a Dio, mio Padre, dal profondo del cuore sia che mi inginocchio per pregare, sia che cammino per la strada o che parlo con qualcuno. Allo stesso modo, sono sempre allegro per la Sua gioia in me. Le preoccupazioni e le avversità ci sono per chiunque, e come pastore senior di una chiesa di 100.000 membri vi assicuro che ho molto lavoro e molte responsabilità.

Ho insegnato e addestrato molti servitori e ministri di Dio per portare a termine il compito che Egli ha determinato per me, che è quello di adempiere il grande mandato conducendo il maggior numero di persone al Signore. Gli schemi del diavolo prevedono ogni tipo di trappola per impedire il completamento dei piani di Dio, anche il produrre qualsiasi genere di difficoltà e prove. Personalmente, sono passato per molte situazioni che potevano originare lamentale e suppliche, e probabilmente, sarei precipitato se mi fossi lasciato sommergere da tutto questo lasciando che la paura avesse la meglio.

Eppure, non sono mai stato sopraffatto o sconfitto dalle preoccupazioni e dall'ansietà, perché ho chiaramente capito la volontà di Dio. Ho ringraziato il Signore e pregato con grande gioia a prescindere dalle mie prove ed avversità, così Dio ha sempre potuto lavorare nella mia vita affinché tutto contribuisse a farmi del bene ed a benedirmi di più.

2. Giungere alla roccia della fede

Osservare le circostanze senza la fede, attraverso la lente della paura e dell'ansia, farà solamente del male al nostro spirito e danneggerà la nostra salute. Se comprendiamo il significato spirituale della parola di Dio che ci dice *"Siate sempre allegri. Non cessate mai di pregare. In ogni cosa rendete grazie, perché tale è la volontà di Dio in Cristo Gesù verso di voi,"* potremmo ringraziarLo dal cuore in qualsiasi situazione (1 Tessalonicesi 5:16-18).

Ciò succede perché crediamo fermamente che questo sia il

modo per compiacere Dio, amarLo e ricevere risposte da Lui. E', in pratica, la chiave per risolvere i tuoi problemi, ricevere le Sue benedizioni, e allontanare da te il tuo nemico Satana, il diavolo. Supponi che ci siano una donna e sua nuora in guerra tra di loro, ed entrambe sanno che invece dovrebbero amarsi e vivere in pace. Continuando ad incolparsi a vicenda e mantenendo ognuna il proprio rancore, nessun problema sarà mai risolvibile.

Se entrambe si accusano e sparlano l'una dell'altra davanti ai membri della famiglia ed ai vicini di casa, dispute e conflitti non finiranno mai e non ci sarà mai pace in quella casa.

D'altro canto, cosa accadrebbe se le due donne si pentissero dei propri errori, iniziando ad avere comprensione reciproca, mettendosi l'una nei panni dell'altra, e si perdonassero? A casa regnerebbe la pace; la suocera parlerebbe bene della nuora a prescindere se sono d'accordo o meno; di riflesso quest'ultima rispetterebbe e loderebbe sua suocera dal cuore. Che rapporto di pace e amore avrebbero, se fosse così!

Le situazioni iniziali del terzo livello della fede

La ragione per cui alcune persone non riescono a ubbidire alla parola nonostante sappiano che è verace, è che nei loro cuori c'è ancora molta falsità che è contro la volontà di Dio, e ciò estingue il desiderio dello Spirito Santo. Quando si accede alla fase iniziale del terzo livello della fede, si comincia a lottare contro il peccato fino al punto di versare il proprio sangue (Ebrei 12:4).

Per gettare via i propri peccati bisogna sforzarsi, pregando con fervore, anche digiunando, come Gesù disse *"Questa specie di spiriti non si può scacciare in altro modo, se non con la preghiera e il digiuno"* (Marco 9:29). Solo allora riceverai da Dio la forza e la grazia necessaria per vivere dalla parola di Dio. Allo stesso modo, al terzo livello di fede, non vedrai l'ora di rinunciare a tutto ciò che Dio ti dice di rifiutare e fare quello che Egli ti dice di compiere, come i comandamenti della Bibbia.

Questo vuole dire che chiunque osserva il giorno di Dio e offre la decima si trova al terzo livello di fede? No, non è così. Alcune persone frequentano il servizio domenicale e danno la decima con un atteggiamento ipocrita: lo fanno solamente perché hanno paura di affrontare prove e difficoltà come risultato della propria disobbedienza a questi precetti, oppure perché vogliono che si parli bene di loro tra i ministri e i servitori di Dio. Diverso, però, è adorare Dio in spirito e verità. Solo allora la Sua parola sarà più dolce del miele.

Comunque sia, quando non vuoi frequentare i servizio di adorazione, inizi ad essere legato ad un sentimento di noia nei confronti dell'ascolto della predicazione e a pensare "Se solo il servizio finisse presto." Questo succede perché, anche se il tuo corpo è nel santuario di Dio, il tuo cuore purtroppo, è da un'altra parte.

Se frequenti i culti ma lasci il tuo cuore volare verso il mondo, non puoi pensare di aver mantenuto santo il giorno del Signore; infatti, Dio esamina il cuore degli adoratori. In questo caso, sei ancora al secondo livello della fede, nonostante tu dia la decima per intero.

La misura della fede sarà diversa da persona a persona, anche se si è allo stesso livello. Se la misura perfetta di ogni livello della fede è il 100%, significa che la fede deve aumentare gradualmente del 10%, 20%, 50% e così via fino ad arrivare al 100% di ogni livello. Se la tua fede sale fino al 100% della misura in cui ti trovi, ti stai dirigendo verso un livello di fede superiore. Ecco perché è importante esaminare il livello di fede in cui ci troviamo e a che punto siamo rispetto a quel livello e quanto ci manca per terminarlo.

La roccia della fede

Se la tua fede ha superato il 60% del terzo livello della fede, si può dire che sei fondato sulla roccia della fede. Matteo 7:24-25 Gesù ci dice *"Perciò, chiunque ascolta queste mie parole e le mette in pratica, io lo paragono ad un uomo avveduto, che ha edificato la sua casa sopra la roccia. Cadde la pioggia, vennero le inondazioni, soffiarono i venti e si abbatterono su quella casa; essa però non crollò, perché era fondata sopra la roccia."*

"La roccia" qui si riferisce a Gesù Cristo (1 Corinzi 10:4), e "la roccia della fede" si riferisce all'essere fondati nella verità, Gesù Cristo. Di conseguenza, se stai in piedi sulla roccia della fede, dopo essere arrivato oltre il 60% del terzo livello della fede, non crollerai di fronte ad alcun genere di prova o disgrazia; rispetterai la volontà di Dio fino alla fine, perché rimarrai fermo sulla roccia della fede sapendo che questa è la via giusta e la volontà di Dio.

Non solo, arrivato qui, potrai sempre condurre una vita vittoriosa e glorificare Dio senza essere tentato dal nemico, Satana, il diavolo. Ancora di più, gioia e gratitudine traboccheranno dal tuo cuore, nonostante le prove e le difficoltà; vivrai nella pace e

nel riposo, perché riuscirai a pregare incessantemente.
Supponiamo che tuo figlio abbia avuto un incidente
automobilistico a causa del quale è quasi rimasto ucciso:
nonostante questa apparente tragedia, verserai lacrime di
ringraziamento dal cuore e rimarrai gioioso perché sei fondato
nella verità. Anche se fossi paralizzato a causa di un incidente,
non avrai rancore verso Dio; invece di pensare "Perché Dio non
mi ha protetto?", tu Lo ringrazierai per la Sua protezione sulle
altre parti del tuo corpo.

Infatti, il semplice fatto che i nostri peccati sono perdonati e
così possiamo andare in cielo, è già abbastanza per rendere grazie
a Dio. Anche se dovessimo diventare zoppi, questo non ci
impedirà di andare in paradiso, perché non appena entreremo
nel regno dei cieli il nostro corpo storpiato sarà trasformato in
un corpo celeste e perfetto.

In altre parole, non c'è nessuna ragione per lagnarsi o
rattristarsi. Dio per certo ti proteggerà sempre se hai questo tipo
di fede. Anche se dovesse permettere che tu venga ferito in un
incidente automobilistico, di certo potrai essere completamente
guarito secondo la tua fede.

Una vita trionfante sulla roccia della fede

Nella fase iniziale del terzo livello di fede, si ha il desiderio di
rispettare la Parola, a volte si ubbidisce gioiosamente e altre
controvoglia. Questo succede perché non c'è ancora una
completa santificazione, e quindi certe persone continuano ad
avere conflitti tra la verità e la falsità nei loro cuori.

Per esempio: cerchiamo di servire il prossimo senza odio

perché Dio ci insegna a non odiare ma amare i nostri nemici. Ciononostante, anche se pensiamo di servire, potremmo ancora provare un peso nel farlo, perché non li amiamo dal cuore. Ma se rimaniamo fermi sulla roccia della fede, il nostro nemico, che è Satana, il diavolo, non riuscirà a tentarci o infastidirci perché nel cuore abbiamo la verità e il desiderio dello Spirito Santo di seguire Dio. Non avremo mai niente da temere, perché camminiamo per mezzo del potere dell'Eccelso.

Così come il giovane Davide disse al gigante Golia, con coraggio e con fede "... *l'esito della battaglia dipende dall'Eterno, ed egli vi darà nelle nostre mani*" (1 Samuele 17:47), anche tu sarai capace di fare la stessa coraggiosa confessione, e Dio ti darà vittoria secondo la tua fede. Nulla ti potrà fermare o esaurire, perché l'Onnipotente Dio è il tuo aiuto.

Se hai comunione con Dio e condividi con Lui il tuo amore, puoi ricevere le risposte ai tuoi problemi, alle tue richieste, dal momento che chiedi con fede. Ma questo non è applicabile a persone che raramente preghino e che non hanno comunione con Dio. Quando affrontano i problemi è molto difficile per loro ricevere risposte da Dio, anche se dicono "Dio mi darà certamente la soluzione;" infatti è come se stessero aspettando che una mela caschi dall'albero. Ecco perché dovremmo pregare incessantemente.

Come giungere alla roccia della fede

Non è facile per un pugile diventare campione del mondo. L'allenamento richiede sforzi incessanti, grande pazienza e un forte autocontrollo. Un pugile agli inizi perderà i primi incontri sul ring perché gli manca abilità. Con l'allenamento continuo però, raffinerà la sua capacità e negli incontri, nonostante abbia magari già ricevuto due o tre pugni ben assestati, riuscirà a colpire il suo avversario almeno una volta. Se lui migliora le proprie capacità e con pazienza si rinforza, aumentando il suo impegno, il pugile esordiente vincerà più incontri e così crescerà anche la sua autofiducia.

Similmente, uno studente bravo in inglese non vede l'ora che arrivi questo insegnamento; mentre lui si gode la lezione, gli altri, che meno bravi, probabilmente saranno annoiati e snervati.

La stessa cosa vale per la battaglia spirituale contro il nemico, il diavolo: se sei al secondo livello della fede, il desiderio dello Spirito Santo dentro di te inizia una spietata guerra contro i desideri peccaminosi, che sono altrettanto forti e carichi di potere. È come un incontro di pugilato tra due persone con la stessa forza e uguale capacità: se uno colpisce l'altro, questo risponderà colpendo; se uno colpisce l'altro cinque volte, questo risponderà altrettanto. È così con la guerra spirituale contro il diavolo; a volte vinci sul diavolo, a volte si è colpiti da lui.

Se continui invece a pregare e cerchi di rispettare la Parola, senza arrenderti ai sentimenti di sconforto e delusione, Dio verserà la Sua grazia, la Sua forza e lo Spirito Santo in tuo aiuto. Di conseguenza, il desiderio del Suo Spirito prospererà nel tuo cuore e la tua fede sorgerà al terzo livello. Una volta giunti qui, i desideri della natura peccaminosa si affievoliscono e diventerà più facile vivere per fede. Più pregherai, come comanda la Parola di Dio, più amerai la preghiera e ancora più pregherai: se prima lo facevi al massimo per dieci minuti, adesso arriverai a venti minuti, poi a trenta e successivamente ti ritroverai ad invocare

Dio facilmente per almeno due o tre ore.

Non è facile per principianti nella fede pregare oltre dieci minuti perché non hanno abbastanza temi o richieste di preghiera, e così avvertono una sorta di disagio quando si prega e anche una certa invidia verso le persone che riescono a farlo correntemente senza alcuna difficoltà. Se continui a farlo pazientemente con tutto il tuo cuore, ti sarà data la forza dall'alto per farlo ore e ore ogni giorno. Dio ti dà la Sua grazia e la Sua forza quando fai del tuo meglio per pregare del continuo.

In questa maniera, la tua fede maturerà; poi, quando raggiungerai una misura più alta di essa all'interno del terzo livello, godrai di quella fede incrollabile per cui non ti rivolgerai più a destra o a sinistra quando sarai nelle difficoltà e nelle prove.

Andare oltre la roccia della fede

Se sei fondato sulla roccia della fede, oltre ad amarti, Dio risolverà i tuoi problemi e risponderà a qualunque cosa tu chiederai. Udirai sempre la voce dello Spirito Santo, sarai sempre gioioso e grato in ogni circostanza, proprio come Dio comanda, e pregando incessantemente diverrai più attento, perché dimori nella Parola contenuta nei sessantasei libri della Bibbia.

Se sei un ministro, un anziano, un pastore o un leader di chiesa, ma non sai ascoltare la voce dello Spirito Santo, devi sapere che non sei ancora fondato sulla roccia della fede. Questo però, non significa necessariamente che si può sentire la voce dello Spirito Santo solo quando si è fondati sulla roccia della fede.

Anche principianti della fede possono sentire la Sua voce quando ubbidiscono alla parola di Dio, mentre l'apprendono. A motivo della loro obbedienza alla Parola, non ci vuole molto prima che la fede dei principianti dal primo livello giunga alla misura della roccia della fede.

Da quando ho accettato il Signore ho cominciato a capire la grazia di Dio nel mio cuore e ho cercato di rispettarla mentre la studiavo. A motivo di questo impegno ho potuto sentire la voce dello Spirito Santo e essere condotto da Lui, perché obbedivo alla Parola con tutto il cuore e con un tale senso di determinazione per cui ero ormai pronto anche a deporre la mia stessa vita per il Signore con gioia, se necessario.

Per quanto mi riguarda, ci sono voluti tre anni per riuscire a sentire chiaramente la voce dello Spirito Santo; ma di certo si può arrivare a sentire chiaramente la Sua voce in un anno o due, impegnandosi diligentemente a leggere la parola di Dio, a ricordarla e seguirla. Quindi, a prescindere da quanto tempo sei credente, non potrai sentire la voce dello Spirito Santo se hai vissuto secondo il tuo pensiero senza ubbidire alla Parola.

Ci sono dei credenti che dicono "Io ero pieno di Spirito Santo, avevo una buona fede e ho servito attivamente la chiesa. Ma la mia fede è degenerata quando sono inciampato spiritualmente a causa di un altro membro di chiesa." In un caso del genere, non si può dire che le persone abbiano una buona fede e tanto meno che servano diligentemente la chiesa.

Inoltre, se avessero veramente una buona fede, in primo luogo non cadrebbero a causa di un altro membro, e poi non abbandonerebbero la fede. Invece, agiscono così solo perché la loro è fede carnale e senza opere, per quanto abbiano la conoscenza della Parola di Dio.

Noi non dovremmo essere tanto sciocchi da lasciare la chiesa a causa di altri fratelli. Quanto penoso è tradire Dio, che ci ha riscattato dal peccato e ci ha dato vera vita e ritornare nel mondo, che conduce alla morte eterna, a causa di uno scontro con un ministro, un leader, un fratello o una sorella della chiesa!

Piuttosto, dovremmo ammettere di esserci allontanati dalla pietra della fede e di aver pregato in maniera ipocrita – solamente per mostrarci agli altri come qualcuno che sa pregare con zelo – se continuiamo a provare ostilità verso quelli che ci hanno calunniato o che hanno spettegolato su di noi. Se siamo invece fondati sulla roccia della fede, non useremo ostilità verso queste persone ma, al contrario, pregheremo per loro con lacrime di amore.

In tutto il mio ministero, fin dal 1982, ho sperimentato tempi ed eventi estremamente inaccettabili nella chiesa. Alcuni ministri o membri sono stati troppo malvagi per essere perdonati da una prospettiva umana, ma non ho mai provato odio o ostilità verso loro. Essendo stato io stesso trasformato, sapevo che dovevo cercare di vedere in loro ciò che avevano di buono ed amabile, invece della loro cattiveria.

In questo modo si può pienamente ubbidire alla Parola e godere della libertà che Essa dona, se hai la piena misura del terzo livello della fede e rimani fermo sulla Parola di Dio. Questo ti farà essere sempre allegro, ringrazierai sempre, pregherai del continuo. Non perderai mai il senso di gratitudine, non ti sentirai triste, sarai saldamente fondato sulla roccia, che è Gesù Cristo, senza essere scosso.

3. Combattere contro il peccato fino a versare sangue

I desideri dello Spirito Santo, nel cuore di chi è al secondo livello della fede, sono protesi a combattere quelli della natura peccaminosa. Giunti al terzo livello della fede, si conduce una vita vittoriosa nella Parola ed in Cristo perché ci si libera dei vecchi desideri, e si seguono quelli dello Spirito Santo, avendo già rinunciato alle azioni tipiche del secondo livello e che sono dettate dalla natura immorale.

Al terzo livello, quindi, inizierà la lotta contro i desideri della natura peccaminosa (cioè la natura del peccato unita al corpo carnale) che è profondamente radicata in noi, fino al punto di versare il sangue, se necessario.

Poi, raggiunta la piena misura di questo stadio, non si penserà più secondo la mente peccaminosa ma ci sarà la piena obbedienza alla Parola e si godrà della vera libertà, perché a questo punto, siamo stati liberati da ogni effetto e caratteristica della natura peccaminosa.

L'importanza di rimuovere la natura peccaminosa

Se ami Dio e rispetti la Sua Parola, non ci vorrà molto tempo perché tu cresca dalla misura del secondo livello della fede al terzo. Al contrario, se frequenti regolarmente la chiesa ma non cerchi di obbedire alla Parola, non crescerai nella misura della tua fede per elevarti ad un livello più alto. Rimarrai ancora allo stesso – il secondo.

Questo succede con un seme che per molto tempo non viene

piantato: se esso rimane inutilizzato per un lungo periodo di tempo, perde la vita. Il tuo spirito potrà crescere solamente quando comprendi la parola di Dio e la rispetti. Dovresti fare del tuo meglio per capire e ubbidire la Parola, così che la tua anima possa andare avanti bene.

Una volta che il seme è piantato nel terreno, è facile che germogli. Ci sono situazioni in cui il germoglio può morire; per esempio con una tempesta di pioggia o quando viene calpestato il terreno dov'è piantato. Per crescere bene, il giovane germoglio dovrebbe essere attentamente accudito. Allo stesso modo, le persone al terzo livello della fede dovrebbero prendersi cura di quelli che sono al primo o al secondo, così che essi possano crescere bene nella fede.

Entrando così nel terzo livello della fede, inizierai ad essere un grande albero che non precipita nonostante le prove tempestose o le gravi calamità che possono venirti contro. Un albero massiccio non si sradica facilmente perché è piantato in profondità nel terreno, anche se i suoi rami dovessero essere piegati o spezzati. Nello stesso modo, potrebbe sembrare che tu stia per crollare durante un periodo di prove e avversità; ma poi ritrovi la forza e continui a crescere in fede, perché essa è profondamente radicata in te e non sarà scossa da alcuna circostanza.

Sforzi incessanti verso la piena misura della fede

Un giovane albero impiega molto tempo per crescere, fiorire e produrre frutto o per diventare una pianta possente dove gli uccelli si rifugiano e vivono. Similmente, non è difficile accrescere la fede dal secondo al terzo livello, se si è determinati a farlo, ma ci vuole molto più tempo per crescere dal terzo al quarto livello della fede. Questo avviene perché bisogna ascoltare la parola di Dio e comprenderla nello spirito, per poter ubbidire a ciò che è riportato nei sessantasei libri della Bibbia. Ciononostante, non è facile capire la volontà perfetta di Dio Padre in un breve arco di tempo.

Per esempio, anche uno studente delle scuole elementari, sebbene sia eccellente, non può andare direttamente all'università o aprire un'impresa dopo aver preso il diploma della scuola primaria.

Certo, è vero, ci sono state delle persone brillanti che hanno superato gli esami e ottenuto le qualifiche necessarie per frequentare l'università ad un'età precoce. E' altresì vero che si sente spesso di studenti arrivati agli studi universitari solo dopo molte e ripetute prove d'esame.

Similmente, si può giungere al quarto livello della fede più o meno rapidamente o lentamente, a seconda dei propri sforzi. Il fattore determinante, in questo caso, è la taglia del proprio vaso. Lo sforzo di un piccolo vaso non è tanto grande quanto serve per la comprensione della Parola, la speranza per cielo e la fede. Al contrario, un grande vaso capisce cosa è giusto e riesce a farlo, continuando a sforzarsi di raggiungere la meta.

Ecco perché bisogna capire quanto è importante sforzarsi e lottare contro il peccato, fino al punto di versare anche sangue, in modo da elevare al più presto possibile la propria fede dal terzo al quarto livello della fede.

Eseguire il proprio dovere mentre getti via il peccato

Non si dovrebbero trascurare i doveri che Dio ci ha dato mentre stiamo lottando contro il peccato. Per esempio, una diaconessa senior nella nostra chiesa, ha lavorato con me fin dalla fondazione della comunità, anche se lei e suo marito soffrivano entrambi di malattie serie. Vennero in chiesa, ricevettero la mia preghiera e furono guariti.

Lei recuperò la sua buona salute e cercò di elevare la misura della sua fede, ma non eseguì pienamente il suo compito di diaconessa senior. Non si sforzò di lottare contro il peccato al punto di dare tutto di sé, e qualcosa di malvagio rimase ancora nel suo cuore, anche se continuò a frequentare la chiesa ed ascoltare la parola di Dio per 15 anni. Le sue opere e le sue parole erano tipiche delle persone che stanno al secondo livello della fede.

Fortunatamente fu risvegliata spiritualmente alcuni mesi prima della sua morte, e in quel periodo, cercò di compiacere a Dio distribuendo e promuovendo il notiziario della chiesa. Venne da me tre volte per ricevere preghiera e nel giro di poco tempo arrivò al terzo livello della fede.

Dunque, non dovremmo solamente lottare contro il peccato incessantemente per buttare via ogni genere di malvagità, ma anche eseguire ciò che Dio ha stabilito per noi con tutto il cuore, in modo da raggiungere una misura più alta di fede.

È molto difficile liberarsi dei peccati da soli, ma diventa semplice se si riceve la forza celeste di Dio.

Prego nel nome del Signore Gesù Cristo che tu possa essere un cristiano saggio agli occhi dell'Eterno, mentre ricordi che la Sua potenza non investe solo coloro che si liberano di ogni peccato e malvagità lottando fino al punto di versare il sangue, ma anche quanti compiono le proprie responsabilità determinate da Dio.

Capitolo 7

Fede per Amare Dio al di Sopra di Tutto e Tutti

La Misura della Fede

*Chi ha i miei comandamenti e li osserva,
è uno che mi ama, e chi mi ama sarà amato dal Padre mio;
e io lo amerò e mi manifesterò a lui.*

(Giovanni 14:21)

Così come per salire su una scala bisogna fare un gradino per volta, la fede dovrebbe crescere di livello in livello fino a raggiungere la piena misura. Per esempio, 1 Tessalonicesi 5:16-18 ci dice *"Siate sempre allegri. Non cessate mai di pregare. In ogni cosa rendete grazie, perché tale è la volontà di Dio in Cristo Gesù verso di voi."* L'estensione dell'obbedienza a questo comandamento sarà diversa secondo la misura della fede di ogni individuo.

Se tu sei al secondo livello di fede, sarai scoraggiato piuttosto che gioioso e grato quando ti troverai ad affrontare prove e difficoltà, perché non hai ancora abbastanza forza per dipendere dalla parola di Dio; ma una volta nel terzo, rinuncerai al peccato lottando fino alla fine ed allora sarai gaio e riconoscente anche nelle sofferenze.

Ciononostante, al terzo livello di fede può succedere che, affrontando serie difficoltà, tu potresti essere ancora un po' dubbioso, o scettico, oppure forzatamente gioioso e grato, perché non hai ancora capito pienamente il cuore di Dio.

Se sei, però, fondato sulla roccia della fede, che è radicata più profondamente all'interno della terza misura della fede, allegrezza e gratitudine verranno dal tuo cuore anche quando fronteggi prove e avversità. Inoltre, se sali più in alto – al quarto stadio – il tuo cuore traboccherà per sempre di gioia e ringraziamento. In questo livello, sarai molto lontano dall'essere triste o imprudente nelle prove e difficoltà; rifletterai piuttosto umiltà e chiederai a te stesso "Ho fatto qualcosa di sbagliato?" Di conseguenza, chiunque giunga al quarto livello della fede, dove viene rilasciata la capacità di amare il Signore al massimo, prospererà in qualsiasi cosa faccia.

1. Il quarto livello di fede

Esiste una bella differenza se a dichiarare "Ti amo, mio Signore," è qualcuno al secondo o terzo livello della fede piuttosto che al quarto. Questo perché una cosa è avere un cuore che ama il Signore moderatamente, e un'altra è possedere un cuore che ama il Signore completamente, al massimo. Proprio come ci promette Proverbi 8:17 *"Io amo quelli che mi amano, e quelli che mi cercano diligentemente mi trovano,"* chi ama il Signore sopra ogni cosa può ricevere qualunque cosa chieda.

Amare il Signore al massimo

Gli antenati della fede, che amarono Dio al massimo, furono riempiti di gioia traboccante e sincera gratitudine anche durante le loro sofferenze, talvolta pur non avendo commesso alcun errore. Per esempio, il profeta Daniele ringraziò Dio con fede e pregò, nonostante stesse per essere gettato nella fossa dei leoni, a causa della falsa testimonianza di alcune persone malvagie.

Dio si compiacque della sua fede e mandò i Suoi angeli a chiudere la bocca ai leoni, proteggendo Daniele dalle belve. Di conseguenza, Daniele portò grande gloria a Dio (Daniele 6:10-

27).

Un'altra volta, i tre amici di Daniele dichiararono la loro fede in Dio davanti al re Nebukadnetsar,anche se stavano per essere gettati nella fornace ardente, proprio perché non si inchinarono ad adorare un'immagine d'oro.

In Daniele 3:17-18 leggiamo la loro confessione *"Ecco, il nostro Dio, che serviamo, è in grado di liberarci dalla fornace di fuoco ardente e ci libererà dalla tua mano, o re. Ma anche se non lo facesse, sappi o re, che non serviremo i tuoi dèi e non adoreremo l'immagine d'oro che tu hai fatto erigere."*

Essi confidarono inesorabilmente in Dio, attraverso il cui potere ogni cosa è possibile, e confessarono con fermezza che erano pronti a deporre la loro stessa vita per il Signore che servivano, anche se Egli non li avesse salvati dalla fornace ardente.

Rimasero fedeli senza desiderare niente in cambio e non si lamentarono, pur trovandosi di fronte ad una prova che minacciava la loro stessa vita. Rimasero allegri e ringraziarono il Signore per la Sua grazia perché erano ben consapevoli che, anche se fossero morti bruciati nella fornace ardente, sarebbero certamente andati in cielo tra le braccia del Padre. A motivo della confessione della loro fede, Dio li protesse tanto che nemmeno un loro capello fu bruciato. Davanti a questo miracolo, il re fu grandemente sbalordito e diede tutta la gloria a Dio; inoltre promosse i tre amici di Daniele a posizioni più alte di prima.

Consideriamo questo esempio: Paolo e Sila furono brutalmente malmenati e gettati in una prigione oscura da persone malvagie, durante uno dei loro viaggi per la diffusione del vangelo. Ciononostante, di notte, lodavano e ringraziavano Dio, ed ecco che un terremoto improvviso aprì le porte del carcere (Atti 16:19-26).

Se fossi tu a soffrire per ragioni ingiuste, come questi antenati della fede, pensi che saresti capace di rallegrarti ed essere grato dal profondo del tuo cuore? Se per reazione a situazioni del genere sei sconvolto, adirato o imprudente, devi comprendere che ti trovi lontano dalla pietra della fede. Se, invece, vai oltre la roccia della fede, sarai allegro e profondamente grato nonostante i guai e le prove che ti trovi ad affrontare, perché comprendi la provvidenza di Dio. Se passi momenti di dolore a causa di sofferenze ingiuste, deve esserci una ragione, e con l'aiuto dello Spirito Santo, potrai definire quale sia il motivo di ciò, saprai rallegrarti ed esserne grato.

Cosa dire di Davide, il più grande re d'Israele? Per via della ribellione di suo figlio Absalom, il re David fu detronizzato, fuggì e visse senza cibo né casa. Oltretutto, fu maledetto e quasi lapidato da un modesto e comune cittadino chiamato Shimei. Uno dei servitori di Davide, allora, gli chiese di poterlo uccidere, ma il re rifiutò la sua richiesta dicendo *"Lasciatelo stare e lasciate che maledica, perché glielo ha ordinato l'Eterno"* (2 Samuele 16:11).

In tutto questo, Davide non emise mai una sola parola di lagnanza; durante le sue prove continuò ad amare contando su Dio, rimanendo saldo nella fede e nel mezzo di tante prove, scrisse anche parole colme di ispirazione e di pace, come leggiamo nel Salmo 23.

Davide, che aveva capito quale fosse la volontà di Dio, ha

sempre creduto che Egli avrebbe operato per il suo bene, anche quando era perso tra difficoltà e prove. Ecco perché ha potuto ringraziare Dio e versare lacrime di gioia.

Una volta superate le sue prove, divenne il re amato grandemente da Dio. Non solo, durante il suo regno Israele divenne talmente potente che i paesi vicini portavano tributi alla nazione. Nel vedere la fede di Davide, Dio operò in ogni cosa per il bene del re e lo benedisse.

Ubbidire al Signore con gioia e con il massimo amore

Supponiamo che ci siano un uomo e una donna futuri sposi; sono in così innamorati l'una dell'altro che sentono di essere pronti anche a dare la vita per il proprio partner, se fosse necessario. Ognuno di loro è desideroso di dare qualsiasi cosa per l'altro, e vive ogni giorno per compiacerlo del continuo e ad ogni costo.

Desiderano stare insieme più a lungo e spesso possibile; incuranti di quanto faccia freddo o caldo, se stia nevicando o piovendo. Non si stancano mai di parlarsi, neanche se passano notti intere al telefono.

Se ami il Signore al massimo, così come si ama una coppia di fidanzati prossimi al matrimonio, avendo un cuore immutabile per Dio, allora sei al quarto livello della fede. Ma come puoi mostrare il tuo amore per Lui? E come fa il Signore stesso a valutare questo amore che si ha per Lui?

Gesù ci dice in Giovanni 14:21 *"Chi ha i miei comandamenti e li osserva, è uno che mi ama, e chi mi ama sarà amato dal Padre mio; e io lo amerò e mi manifesterò a lui."*

Se amiamo, osserveremo i suoi comandamenti. Questa è l'evidenza del nostro amore per il Signore. Se ami veramente Dio, Egli ti risponderà con il Suo amore, sarà con te e ti dimostrerà l'efficacia della Sua presenza. Al contrario, se non osservi i Suoi comandamenti ti sarà difficile ricevere il favore, l'approvazione o la benedizione di Dio.

Ami veramente il Signore? Se è così, rispetterai certamente i Suoi comandi; Lo adorerai in spirito e verità; non sarai annoiato o assonnato mentre ascolti una predicazione. Come si può dire che ami qualcuno se ti addormenti quando ti parla? Se veramente ami il tuo partner, anche solo ascoltare la sua voce sarà una fonte di grande gioia.

Allo stesso modo, se ami veramente Dio, sarai assolutamente felice e gioioso di ascoltare la Sua Parola; ma se questa ti annoia o ti fa venire sonno, allora è chiaro che non ami Dio. 1 Giovanni 5:3 ci ricorda *"Questo infatti è l'amore di Dio: che noi osserviamo i suoi comandamenti; e i suoi comandamenti non sono gravosi."*

Effettivamente non è difficile rispettare i comandamenti di Dio, per quelli che Lo amano. Se hai la fede che ti porta ad amare Dio completamente, potrai anche ubbidirGli completamente; ubbidirai in fede e con amore dal profondo del tuo cuore, invece di farlo controvoglia o a fatica.

Insomma, entrando nel quarto livello di fede, obbedirai ad ogni parola di Dio con gioia perché Lo ami davvero molto, proprio come chi ama il suo partner è pronto a dare e fare qualsiasi cosa per la felicità dell'altro.

I malvagi non potranno farti del male

Quelli che amano il Signore al massimo livello vengono completamente santificati con la piena obbedienza alla Parola, proprio come ci dice 1 Tessalonicesi 5:21-22 *"Provate ogni cosa, ritenete il bene. Astenetevi da ogni apparenza di male."* Come ci ricompensa Dio quando, non solo rinunciamo al peccato lottandogli contro fino a versare il sangue, ma anche ci liberiamo da ogni tipo di malvagità? Come dimostra l'evidenza del Suo amore verso di noi? Il Signore riversa molte promesse di benedizione su coloro che raggiungono santità e purezza, perché Egli ci ricompensa a seconda di ciò che abbiamo seminato e compiuto.

Prima di tutto, leggiamo in 1 Giovanni 5:18 *"Noi sappiamo che chiunque è nato da Dio non pecca; chi è nato da Dio preserva se stesso, e il maligno non lo tocca."* Occorre essere nati da Dio. Diventerai un uomo spirituale quando non commetterai più peccati, perché ti impegnerai a vivere secondo la parola di Dio e getterai via da te ogni peccato, combattendo a qualunque costo. Poi, il malvagio nemico, il diavolo, non potrà più farti del male, perché Dio ti terrà al sicuro.

In secondo luogo, 1 Giovanni 3:21-22 promette *"Carissimi, se il nostro cuore non ci condanna, abbiamo fiducia davanti a Dio e qualunque cosa chiediamo, la riceviamo da lui, perché osserviamo i suoi comandamenti e facciamo le cose che gli sono gradite."* Il nostro cuore non ci condanna quando soddisfiamo Dio, non solo osservando i Suoi comandamenti, ma anche liberandoci da ogni tipo di malvagità.

Abbi fiducia in Dio e riceverai da Lui qualunque cosa chiedi, come Egli stesso ha promesso. Dio non sonnecchia, né cambia idea; Egli adempie qualsiasi cosa dice e promette (Numeri 23:19). Così, ti darà qualsiasi cosa tu chieda se Lo ami al massimo e cresci in santità.

Anche come principiante della fede, ero piuttosto deluso quando le predicazioni o i servizi di adorazione erano brevi, perché volevo conoscere sempre più della volontà di Dio e ricevere la Sua grazia. Così, ho raggiunto la piena misura della fede in breve tempo perché, appena l'ho capito, ho fatto del mio meglio per vivere in accordo con la Parola.

Di conseguenza oggi offro a Dio ogni cosa generosamente, anche la mia stessa vita, con tutta l'anima e con tutto il cuore e vivo solamente per amarLo al massimo e per soddisfarLo. Pur dandoGli tutto quello che ho, desidero poterGli offrire di più. Anche mia moglie e i miei figli si sono dedicati al Signore con tutto il loro cuore, da quando ho insegnato ad accogliere questo stile di vita. Se condurre la vita cristiana ti diventa pesante, hai bisogno di avere sete della parola di Dio, hai bisogno di adorarLo in spirito e verità e di vivere solamente dalla Parola.

2. L'anima che prospera

Le persone che sono al quarto livello della fede vivono secondo la Parola sempre, in quanto si chiedono continuamente nel cuore: "Cosa devo fare per compiacere Dio?" A questa domanda seguono atti di obbedienza e la confessione di fede certa che scaturisce dai loro cuori. Questo perché amano Dio al massimo.

In 3 Giovanni 1:2, Egli promette a questo tipo di persone *"Carissimo, io desidero che tu prosperi in ogni cosa e goda buona salute, come prospera la tua anima."* Cosa significa "..che la tua anima stia bene, o prosperi...?" Di che genere di benedizioni sta parlando l'apostolo?

La tua anima prospera

Quando nel principio l'uomo fu creato, Dio soffiò l'alito di vita in lui che divenne uno spirito vivente. All'uomo fu dato uno spirito, attraverso il quale si può avere comunione con Dio, un'anima, controllata dallo spirito, e il corpo, in cui dimorano sia lo spirito che l'anima. L'uomo avrebbe potuto vivere come spirito vivente eternamente (Genesi 2:7; 1 Tessalonicesi 5:23).

Dunque, le persone la cui anima sta bene, hanno il dominio su ogni cosa e possono vivere eternamente, così come il primo uomo, Adamo, comunicò con Dio e rispettò pienamente la Sua volontà.

Però, anche Adamo ad un certo punto disubbidì al comando divino, e perse tutte le benedizioni che gli erano state elargite. L'Eterno gli aveva detto *"Mangia pure liberamente di ogni albero del giardino; ma dell'albero della conoscenza del bene e del male non ne mangiare, perché nel giorno che tu ne mangerai, per certo morrai"* (Genesi 2:16-17). Ciononostante, l'uomo disubbidì al suo Signore e mangiò dall'albero della conoscenza. Alla fine, il suo spirito – attraverso il quale poteva comunicare con Dio, che è Spirito – morì, ed egli fu cacciato dal Giardino dell'Eden.

Usando l'espressione "il suo spirito morì" non voglio dire che lo spirito di Adamo spirò, ma che perse la sua capacità originale. Lo spirito fino ad allora occupava il ruolo del "padrone," ma da quel momento in poi fu l'anima a ricoprire il suo ruolo.

Così, per la sua disubbidienza, l'uomo non poté più comunicare con Dio perché guidato dall'anima che da allora diventò il padrone dominante al posto del suo spirito.

Per "anima" intendo il sistema di memoria, quella facoltà della mente di conservare e richiamare alla coscienza nozioni ed esperienze del passato. Un uomo guidato dall'anima non dipende più da Dio ma conta sulla sua conoscenza e sulle teorie umane. Attraverso la continua opera di Satana sul pensiero dell'uomo, cioè sull'anima, ingiustizia e malvagità si sono impadronite di lui ed il mondo è stato riempito da tanta cattiveria quanta l'uomo ne potesse rovesciare. Di generazione in generazione, l'uomo si è macchiato sempre più di peccato e corruzione.

Il primo Adamo, come uomo guidato dallo spirito e governatore di tutte le cose, godeva della vita eterna perché il suo spirito era padrone e di conseguenza, poteva comunicare con Dio. Quando a causa della sua disubbidienza l'oscurità iniziò a intaccare il suo cuore, che fino a quel momento era stato riempito solamente di verità, egli cominciò ad essere controllato da Satana, il governatore delle forze delle tenebre.

Di conseguenza, i discendenti del disubbidiente Adamo, si sono praticamente trovati ad un livello non molto migliore di quello degli animali, che consistono di un'anima e di un corpo, ma sono privi di spirito. A questo punto gli uomini, hanno iniziato a vivere secondo ogni genere di falsità come menzogna, adulterio, odio, assassinio, invidia, gelosia e tutte le altre cose che sono contro la parola di Dio (Ecclesiaste 3:18).

Ciononostante, l'Iddio di amore aprì la via della salvezza attraverso Suo Figlio Gesù Cristo. Quando l'uomo accoglie il Salvatore Gesù, riceve lo Spirito Santo come dono e così il suo spirito, da morto, ritorna a vivere. Inoltre, permettendo allo Spirito Santo di partorire dentro di lui, gradualmente egli diventerà un uomo guidato dallo Esso.

Tale individuo, essendo tornato uno spirito vivente, gioirà di tutte le benedizioni esattamente come fu per Adamo, perché la sua anima ora sta bene e prospera. In altre parole, significa che il suo spirito diventa nuovamente il padrone e la sua anima gli è nuovamente assoggettata come nel principio. Questo è il processo di crescita della fede che conduce l'anima a prosperare.

Quando accetti Gesù Cristo e ricevi lo Spirito Santo, sei al primo livello della fede. Successivamente, fonderai i tuoi piedi nella roccia della fede, vivrai secondo la Parola, attraverserai la grande lotta tra il tuo spirito, che vuole seguire i desideri dello Spirito Santo, e la tua anima, che segue i desideri della natura peccaminosa. Così avanzando, se raggiungi il quarto livello di fede, diventerai santo e somiglierai a Dio, perché il tuo spirito – che ora è santificato – dominerà su di te.

Il tuo spirito controlla la tua anima

Quando lo spirito dirige l'anima e la padroneggia, questa rispetta la "gestione" dello spirito, come un servitore ed allora si può dire che "l'anima sta prosperando." Continuando in questo modo, il tuo cuore e la tua attitudine inizieranno a somigliare a quelli di Dio, in modo naturale, come dice Filippesi 2:5

"Abbiate in voi lo stesso sentimento che già è stato in Cristo Gesù."

Se lo spirito dirige l'anima, lo Spirito Santo gestisce il cuore al 100%, perché la Parola della verità di Dio lo controlla, e di conseguenza, non si dipende più dai propri pensieri. Ciò significa che tu puoi osservare completamente la parola di Dio perché hai demolito ogni genere di pensiero carnale e nel tuo cuore abita la verità.

Quando lo Spirito Santo ti guida in ogni cosa, puoi fuggire da qualsiasi prova o difficoltà perché sei protetto dal pericolo in ogni circostanza. Per esempio, se dovesse accadere un disastro naturale o un incidente inaspettato, la voce dello Spirito Santo ti avvertirà prima, anche svegliandoti di notte, in modo che tu possa scappare e raggiungere un luogo sicuro.

Quando la tua anima sta bene e prospera, affiderai tutti i tuoi progetti a Dio con un cuore obbediente che Egli stesso guiderà il tuo cuore insieme ai tuoi pensieri; condurrà tutti i tuoi progetti e ti benedirà con buona salute.

A proposito di questo in Deuteronomio 28 leggiamo:

"Tutte queste benedizioni verranno su di te e ti raggiungeranno, se ascolterai la voce dell'Eterno, il tuo DIO: sarai benedetto nelle città e sarai benedetto nella campagna. Benedetto sarà il frutto del tuo grembo, il frutto del tuo suolo e il frutto del tuo bestiame, i parti delle tue vacche e il frutto delle tue pecore. Benedetti saranno il tuo paniere e la tua madia. Sarai benedetto quando entri e benedetto

quando esci" (Deuteronomio 28:2-6).

Perciò, chi ubbidisce alla parola di Dio, (e di conseguenza, la cui anima prospera), non solo riceverà vita eterna in cielo ma si compiacerà anche di qualsiasi benedizione materiale e fisica, prosperando anche in questo mondo.

Tutto ti andrà bene

Giuseppe, il figlio di Giacobbe, visse una situazione disperata: i suoi fratelli lo avevano venduto in gioventù e fu portato in Egitto dove imprigionato senza aver commesso alcun male.

Nonostante la difficile situazione, Giuseppe non fu scoraggiato ma si affidò alla guida del Dio onnipotente. A motivo della sua grande fede, Dio stesso si occupò di lui ed incontrò le sue necessità. Di conseguenza, tutte le cose si risolsero per il bene di Giuseppe, il quale fu grandemente onorato divenendo addirittura il primo ministro di Egitto.

Così, anche se Giuseppe fu forzatamente portato in Egitto in gioventù, dove prima fu messo a servizio di un egiziano e poi in carcere, si trovò a capo della nazione, posizione che gli consentì di salvare la sua famiglia e il popolo egiziano dai sette anni di carestia. Non solo, fece in modo che il popolo d'Israele potesse vivere in quel territorio.

Oggi, ci sono più di sei miliardi di persone sulla terra, tra cui più di un miliardo crede in Gesù Cristo. Se tra la popolazione cristiana ci fossero figli di Dio irreprensibili e senza macchia, che gioia grande sarebbe per Lui! Egli è sempre dentro di loro, li benedice in tutti modi. Quando attraversano le difficoltà, Egli motiverà i loro cuori a scappare o a pregare, liberandoli dalle avversità perché Egli è un Dio giusto.

Alcuni anni fa, fui invitato a parlare ad una Conferenza di Evangelizzazione a Los Angeles. Prima della mia partenza sentii una forte spinta da parte di Dio a pregare per la conferenza. Così, per due settimane, mi concentrai a pregare per questo motivo presso una casa di preghiera in montagna. Non venni a conoscenza del perché Dio mi avesse fortemente esortato a pregare per la conferenza finché non arrivai a Los Angeles.

Il diavolo aveva istigato delle persone malvagie ad impedire lo svolgimento della conferenza, infatti, l'evento fu quasi annullato. Dopo avere ricevuto la mia preghiera e quella dei membri della chiesa, Dio aveva distrutto gli astuti schemi del nemico in anticipo.

Così, al mio arrivo a Los Angeles, trovai tutto pronto per la conferenza, che fu tenuta con successo e senza alcuna difficoltà. Ho potuto, quindi, dare grande gloria a Dio per aver avuto l'opportunità di pronunciare la benedizione sul Consiglio Urbano di Los Angeles e per aver ricevuto la cittadinanza onoraria, dal governo provinciale della città, la prima volta per un cittadino coreano come me.

Dunque, coloro la cui anima prospera, si fidano di Dio per ogni cosa. Quando affidi tutta la vita a Dio in preghiera, senza dipendere dal tuo pensiero, volontà o programma, Dio sorveglia la tua mente e ti guida in modo che tutto si risolva per il tuo bene.

Anche se ti trovi in difficoltà, sappi che in tutte le cose Dio opera per il tuo bene quando Lo ringrazi malgrado la situazione sia difficile. Qualche volta le afflizioni accadono quando si agisce secondo la propria esperienza o il proprio pensiero, senza dipendere da Dio. Ciononostante, anche in questi casi, Dio interviene immediatamente quando ci rendiamo conto dell'errore e ci pentiamo.

Completamente controllato dallo Spirito Santo

Se sei fondato sulla roccia della fede, ogni dubbio ti abbandonerà e potrai credere fermamente nella vita di Dio e nelle Sue opere, come la risurrezione del Signore e il Suo ritorno, la creazione dal nulla di ogni cosa, e le Sue risposte alle tue preghiere.

In alcune prove puoi solamente rallegrarti, pregare e ringraziare Dio, perché non dubiterai mai a causa dell'incredulità. Nondimeno, lo Spirito Santo non controlla ancora al 100% il tuo cuore, perché non sei ancora giunto alla piena misura della santificazione. A volte non sai dire precisamente se quella che senti sia la voce dello Spirito Santo o meno, e ti confondi perché i pensieri carnali sono ancora in te.

Per esempio, mettiamo che stai pregando per diventare imprenditore e ti capita di trovare la possibilità di un affare, e inizi a lavorarci pensando che sia la risposta di Dio alla tua preghiera. Inizialmente gli affari sembrano andare bene, ma poi cominciano a peggiorare. Allora comprendi che in realtà non avevi sentito la voce dello Spirito Santo, ma avevi fatto affidamento solo sul tuo pensiero.

Chi è fondato sulla roccia della fede, nella maggior parte dei casi, ha successo, perché capisce la verità e vive dalla parola; ma non è ancora perfetto nella fede, dal momento che non ha ancora raggiunto il livello nel quale può fidarsi completamente di Dio per ogni cosa, contando solamente su di Lui.

Se ti trovi al quarto livello di fede, il tuo cuore è già cambiato, la tua vita è vissuta in accordo con la parola di Dio e la verità è stata integrata nel tuo corpo e nel tuo cuore. Il tuo spirito rinnovato governa completamente la tua anima, non vivi più secondo la tua mente perché ora lo Spirito Santo governa il tuo cuore al 100%. Allora prospererai in qualunque cosa farai, perché Dio ti conduce quando Gli ubbidisci seguendo la voce del Suo Spirito.

Una volta che hai pregato per qualcosa, potrai essere condotto sulla via della prosperità e del successo senza commettere errori, aspettando con fiducia che lo Spirito Santo ti guidi in ogni passo. Genesi 12 ci ricorda che Abramo ubbidì al Signore lasciando la sua terra natia appena Dio glielo comandò, anche se non aveva idea di dove fosse diretto. Proprio a motivo della sua obbedienza alla volontà di Dio, fu benedetto come padre della fede e amico di Dio.

Anche tu, quindi, non hai di che preoccuparti quando Dio gestisce i tuoi programmi. Potrai essere benedetto in ogni cosa che farai, se hai fiducia in Lui e Lo segui, perché il Signore onnipotente è con te.

Atti perfetti di obbedienza

Quando entri nel quarto livello della fede, osservi gioiosamente tutti i comandamenti perché ami Dio sopra ogni cosa, non ubbidisci controvoglia o forzatamente, ma liberamente e gioiosamente dal profondo del cuore perché Lo ami.

Farò un esempio per aiutare a comprendere meglio. Supponiamo che hai un grande debito: se non riesci a pagarlo subito verrai punito secondo la legge. Peggio ancora, supponiamo che oltre ai tuoi debiti, uno dei membri della tua famiglia ha immediatamente bisogno di un'operazione molto costosa. Se non possiedi il denaro che ti occorre, di certo ti sentirai molto scoraggiato.

Come reagiresti se trovassi per caso un grande diamante per strada? La tua reazione sarà diversa secondo la misura della tua fede.

Se ti trovi al primo livello di fede, quello della salvezza, potresti pensare "Con questo diamante che ho trovato ci potrei pagare tutto il mio debito e anche le spese mediche," questo perché non conosci ancora bene la parola di Dio. E, dopo aver controllato che nessuno ti osservi, prenderesti il diamante.

Se sei al secondo livello di fede, per il quale impari a vivere dalla Parola, avrai una lotta spirituale tra il desiderio della natura peccaminosa, che ti suggerisce "Questa è la risposta di Dio alla mia preghiera," e il desiderio dello Spirito Santo, che invece ti dice "No, se lo prendi è rubare; devi restituirlo al proprietario."

Inizialmente potresti esitare e riflettere se prenderlo o portarlo alla polizia, ma alla fine te lo metterai in tasca perché in te la presenza della natura peccaminosa è ancora troppo forte rispetto alla bontà. Certo, se non avessi i debiti o se la situazione non fosse così urgente potresti esitare per un momento, ma poi porteresti il diamante alla polizia. Comunque, la malvagità che risiede in noi può sconfiggere la bontà, quando ci si trova in situazioni disperate.

Continuiamo con l'esempio. Se sei al terzo livello di fede, cioè quando sei fondato sulla roccia della fede, seguendo il desiderio dello Spirito Santo, porterai il diamante alla polizia perché sia restituito al suo proprietario. Nondimeno, nel tuo cuore potresti comunque desiderare il diamante pensando "Se non l'avessi restituito avrei potuto pagarci tutto il mio debito e l'operazione!" Dunque il tuo atto di obbedienza non è ancora perfetto, perché il desiderio della falsità risiede ancora in te.

Come reagiresti in una situazione così ingannevole se sei al quarto livello della fede? Senza pensare ai tuoi desideri, restituirai il diamante, perché non hai più falsità nel cuore e nessun tipo di idea malvagia ti colpisce la mente.

Piuttosto, ti sentirai dispiaciuto per il proprietario e penserai "Immagina come sarà dispiaciuto il proprietario! Scommetto che sta cercando il diamante ovunque. Lo porto subito alla polizia!" E così lo restituirai.

Ecco, se ami Dio sopra ogni cosa e ti trovi al quarto livello di fede osserverai sempre la legge di Dio, che ti veda qualcuno o meno, perché la tua vita segue la legge. In questa situazione, non occorre neanche sentire la voce dello Spirito Santo, basta non seguire la tua mente peccaminosa.

Prima di essere fondati sulla roccia della fede ci troviamo in difficoltà, perché non è facile distinguere tra il proprio pensiero e la voce dello Spirito Santo; ma neanche quando siamo stabili sulla roccia della fede riusciamo a discernere completamente.

Una volta raggiunta la misura della fede del quarto livello, non c'è più nessuna ragione di sentirsi aggravato nel seguire la voce dello Spirito Santo, perché Egli guida e controlla il nostro cuore e la nostra mente al 100%.

Inoltre, quando sei al quarto livello di fede, non fai più affidamento sul pensiero, sulla saggezza o sull'esperienza umana, ma è il Signore stesso a guidarti in tutte le tue vie. Di conseguenza, godrai delle benedizioni di "Jehovah Jireh" (Il Signore provvederà) e tutte le cose ti andranno bene.

3. Amare Dio incondizionatamente

Quando si è al quarto livello della fede, l'amore per il Signore è incondizionato. Si proclama il vangelo e si compie la Sua opera fedelmente perché, senza alcuna aspettativa di ricevere benedizioni o risposte divine, si assume semplicemente che sia il proprio dovere farlo. Lo stesso vale quando si serve il prossimo con amore sacrificale: si fa senza aspettarsi nulla in cambio, perché l'amore per le loro anime è fortissimo.

I genitori chiedono forse ai loro figli qualcosa in cambio del loro amore? No, non lo fanno mai: l'amore è dare; piuttosto, sono grati e gioiosi per il fatto di avere dei figli da amare. Coloro che vogliono solo obbedienza dai propri figli oppure che li crescono solo per vantarsene, sono persone che si aspettano di essere ripagate per il loro amore.

Allo stesso modo, anche i figli non desiderano niente in cambio dai loro genitori, se li amano davvero col cuore. Quando i figli fanno il proprio dovere e fanno del loro meglio per i genitori, questi ultimi avranno ragione di pensare "Cosa possiamo dargli?"

Similmente, se raggiungi la misura della fede nella quale ami il Signore al massimo, anche il solo fatto di aver ricevuto la grazia della salvezza è abbastanza per condurti a ringraziare Dio; infatti, non c'è modo di ripagarLo per la Sua grazia e non si può far altro che amare la verità e Dio incondizionatamente.

Perciò, se hai la fede per amare Dio senza alcuna condizione, ti ritroverai a pregare, lavorare e servire giorno e notte il regno di Dio e la Sua giustizia, senza aspettarti niente in cambio.

Amare Dio con un cuore immutabile

In Atti 16:19-26 vediamo nuovamente Paolo e Sila che, nonostante predicassero il vangelo ai Gentili e cacciassero i demoni da loro, furono catturati e malmenati da persone crudeli nei pressi di un mercato, dove furono spogliati, brutalmente colpiti, poi gettati in prigione ed incatenati alle caviglie in una cella interna. Se ci fossi stato tu al loro posto, cosa avresti fatto?

Trovandoti al primo o al secondo livello della fede, ti saresti lagnato piagnucolando "Ma Dio è veramente vivo? Abbiamo lavorato fedelmente finora per Te, ma perché hai permesso che noi fossimo imprigionati?"

Trovandoti al terzo livello della fede non avresti mai pronunciato queste parole, ma avresti pregato in tono depresso dicendo "Dio, guarda come siamo stati umiliati mentre diffondevamo il vangelo per Te. E' tutto molto doloroso. Per favore guariscici e liberaci!"

Ma Paolo e Sila ringraziarono Dio e cantarono lodi a Lui anche in questa situazione disperata, in cui non avevano assolutamente idea di cosa avrebbe potuto accadergli. Improvvisamente però, a causa di un violento terremoto le fondamenta della prigione furono scosse: immediatamente tutte le porte delle celle si spalancarono e tutti i prigionieri videro cadere le proprie catene. Oltre a questo miracolo, il carceriere e la sua famiglia accettarono il vangelo di Gesù Cristo e ricevettero la salvezza.

Ecco la dimostrazione di come le persone al quarto livello della fede possono dare gloria a Dio in qualsiasi momento, perché hanno la fede forte con la quale pregare e lodare gioiosamente Dio in ogni prova e difficoltà.

Obbedire ad ogni cosa con gioia

In Genesi 22, Dio comanda ad Abrahamo di sacrificare come offerta bruciata per Sé, il suo unico figlio Isacco, il figlio della promessa. L'offerta bruciata è quella del sacrificio a Dio che consisteva nel cuocere (bruciare) carne animale sulla brace di un altare.

Ci vollero tre giorni di cammino per arrivare alla regione di Moriah, dove avrebbe dovuto sacrificare Isacco, come offerta bruciata, in obbedienza al comando di Dio. Cosa avrà pensato durante quei tre giorni?

Alcuni dicono che i suoi pensieri furono un insieme di conflitti: "Devo ubbidire o no?" Io non credo sia andata così. Le persone al terzo livello della fede si sforzano di amare Dio perché sanno che devono amarLo.

Le persone al quarto livello della fede, invece, Lo amano e basta, senza alcuno sforzo da parte loro. Dio sapeva già in anticipo che Abrahamo Gli avrebbe ubbidito gioiosamente, e così provò la sua fede. Quindi, Dio non permette prove così difficili a persone che non sono in grado di sopportarle.

Ecco perché Ebrei 11:19 dice: *"Abrahamo riteneva che Dio era potente da risuscitarlo anche dai morti; per cui lo riebbe come per una specie di risurrezione."* Abrahamo obbedì gioiosamente al divino comando perché credeva che l'Eterno avrebbe potuto anche resuscitare suo figlio dalla morte. Alla fine, Abrahamo passò la prova della fede e ricevette una benedizione enorme: divenne il patriarca della fede, la benedizione di tutte le nazioni, e fu anche chiamato "amico" di Dio.

Se sei il tipo di persona che obbedisce con gioia a Dio, allora sarai sempre grato e allegro in ogni prova e difficoltà, non potrai fare a meno di ringraziarLo con tutto il cuore e pregare, perché sai che Egli opera per il tuo bene in ogni momento e ti benedice anche attraverso prove e persecuzioni.

Dio si compiacerà della tua fede e ti darà qualunque cosa Gli chiederai. Infatti Gesù dice in Matteo 8:13 *"Ti sia fatto come hai creduto!"*, e in Matteo 21:22 *"E tutto ciò che chiederete in preghiera, avendo fede, lo otterrete."*

Se hai ancora una preghiera senza risposta, questo prova che non hai avuto pienamente fiducia in Dio ma hai dubitato. Perciò, dovresti arrivare al punto di amare Dio incondizionatamente, ubbidendoGli con gioia dal cuore in ogni circostanza.

Abbracciare tutti con amore e misericordia

Cosa faresti se qualcuno ti accusasse e colpevolizzasse senza alcuna ragione? Se fossi al secondo livello della fede, non saresti capace di sopportarlo e ti lagneresti o arrabbieresti a riguardo. Inoltre, se nella tua mente c'è cattiveria, ciò ti condurrebbe ad insultare e offendere chi ti accusa. Ovviamente, non è il caso che i credenti in Dio mostrino in alcun modo cattiveria, rabbia, temperamento estremo o linguaggio non educato, proprio come leggiamo in 1 Pietro 1:16 *"Siate santi, perché Io sono santo."*

Al terzo livello della fede, come reagiresti? Proveresti dolore e fastidio perché Satana lavora incessantemente nel tuo pensiero; infatti, pur sapendo nella tua mente che dovresti essere gioioso, la gratitudine e la gioia che fluiscono dal cuore sono minimi.

Invece al quarto livello della fede, la tua mente non sarebbe scossa e tu non saresti irritato neanche se gli altri ti odiassero o perseguitassero senza ragione, perché hai già rifiutato ogni tipo di malvagità.

Gesù non provò dolore o fastidio neanche quando affrontò la persecuzione, il pericolo, il disonore e il disprezzo delle persone mentre predicava il vangelo. Egli non disse mai cose del tipo "Io non ho fatto altro che cose buone, ma le persone malvagie mi perseguitano e cercano di uccidermi. Sono molto angosciato." Egli non proferì altro che parole di vita.

Se ti trovi al quarto livello della fede, sei una persona secondo il cuore del Signore, quindi ora preghi e piangi per quelli che ti perseguitano invece di odiarli o avere ostilità nei loro confronti; li perdoni e li comprendi, abbracciandoli con amore e misericordia.

Spero che tu possa comprendere che, nelle stesse situazioni, le persone con un temperamento tendente all'ira e all'odio provano un certo dolore e tristezza, mentre chi perdona e abbraccia con amore tutti, supera il male con il bene.

4. Amare Dio più di ogni altra cosa

Se raggiungi il livello in cui puoi amare il Signore al di sopra di ogni altra cosa, Gli ubbidirai pienamente e la tua anima ne otterrà benefici. Ti verrà naturale amare Dio più di tutto e tutti, perché considererai ciò che hai da perdere, esattamente come confessò l'apostolo Paolo in Filippesi 3:7-9, il quale considerò ogni altra cosa come "spazzatura":

> *Ma le cose che mi erano guadagno, le ho ritenute una perdita per Cristo. Anzi, ritengo anche tutte queste cose essere una perdita di fronte all'eccellenza della conoscenza di Cristo Gesù mio Signore, per il quale ho perso tutte queste cose e le ritengo come tanta spazzatura per guadagnare Cristo, e per essere trovato in lui, avendo non già la mia giustizia che deriva dalla legge, ma quella che deriva dalla fede di Cristo: giustizia che proviene da Dio mediante la fede.*

Quando si ama Dio al di sopra di tutto

Gesù c'insegna nei Quattro Vangeli che tipo di benedizioni sono date a quelli che gettano via tutto quello che hanno e amano Dio più di qualsiasi altra cosa, così come fece l'apostolo Paolo. Egli promette in Marco 10:29-30 che ci darà benedizioni cento volte maggiori, in questo mondo, e la vita eterna nell'età a venire.

Allora Gesù, rispondendo, disse: "Io vi dico in verità che non c'è nessuno che abbia lasciato casa o fratelli o sorelle o padre o madre o moglie o figli o poderi per amor mio e dell'evangelo, che non riceva il centuplo ora, in questo tempo, in case, fratelli, sorelle madre, figli e poderi, insieme a persecuzioni e, nel secolo a venire, la vita eterna."

La frase "abbia lasciato casa o fratelli o sorelle o padre o madre o moglie o figli o poderi per amor mio e dell'evangelo," spiritualmente vuol dire che tu non amerai più le cose del mondo, che romperai le relazioni carnali ed amerai Dio, che è Spirito, al di sopra di tutto.

Ciò non vuol dire necessariamente che non amerai le altre persone sulla terra, ma piuttosto che amerai Dio prima di ogni altro individuo. A questo proposito 1 Giovanni 4:20-21 recita *"Se uno dice: 'Io amo Dio,' e odia il proprio fratello, è bugiardo; chi non ama infatti il proprio fratello che vede, come può amare Dio che non vede? E questo è il comandamento che abbiamo ricevuto da lui: chi ama Dio, ami anche il proprio fratello."*

Si dice che i genitori diano origine al corpo dei loro figli, che si formano nell'utero per la combinazione dello sperma del padre e dell'ovulo della madre; ma lo sperma e l'ovulo dei genitori sono comunque stati plasmati da Dio, il Creatore, non dai genitori.

Inoltre, il corpo visibile ritorna a essere polvere dopo la morte. Il corpo, infatti, è solo una casa in cui lo spirito e l'anima dimorano. Il vero padrone dell'uomo è lo spirito e Dio Stesso controlla lo spirito. Dovremmo dunque amare Dio più di tutto se capiamo che solamente Lui può darci la vera vita, la vita eterna e il cielo.

Molte volte mi sono trovato di fronte alla porta della morte a causa di tutte le numerose malattie incurabili di cui ho sofferto dall'età di sette anni. Miracolosamente però, come ho già scritto, sono stato completamente guarito quando ho incontrato l'Iddio vivente. Da allora in poi L'ho amato più di qualsiasi altra cosa ed Egli mi ha ricompensato con tante benedizioni.

La cosa più importante, però, è che sono stato perdonato da tutti i miei peccati e ho ricevuto la salvezza e la vita eterna. Inoltre, ho prosperato e goduto di buona salute così come la mia anima ha prosperato. Più tardi nel tempo, Dio mi ha chiamato ad essere un Suo servitore per compiere una missione nel mondo e mi ha dato potenza.

Mi ha rivelato cose che devono ancora avvenire. Mi ha anche mandato molti buoni ministri e operai fedeli nella mia chiesa, e ha permesso che essa crescesse esponenzialmente così che io potessi realizzare la provvidenza di Dio.

Nel frattempo, sono stato benedetto in modo di essere amato allo stesso modo sia dai membri della chiesa che dai non credenti. Egli ha portato i membri della mia famiglia ad amarLo più di qualsiasi altra cosa o persona, e li ha protetti da ogni genere di malattia e incidenti, perché hanno accettato il Signore; nessuno di loro ha mai preso una medicina, né è mai stato ricoverato in ospedale. Ecco come mi ha benedetto il Signore, al punto che non mi manca nulla.

Adempiere l'amore spirituale

Se ami Dio più di qualsiasi altra cosa, vivi nell'abbondanza perché Egli ti guida in ogni circostanza e la vera felicità, che viene dal cielo, raggiunge pienamente il tuo cuore.

Di conseguenza, condividi questo amore traboccante con gli altri, perché vieni colmato dall'amore spirituale: potrai amare tutte le persone con amore eternamente immutabile, perché non ci sarà più alcuna malvagità nella tua mente.

L'amore spirituale è spiegato nel dettaglio in 1 Corinzi 13:4-7:

> *L'amore è paziente, è benigno; l'amore non invidia, non si mette in mostra, non si gonfia, non si comporta in modo indecoroso, non cerca le cose proprie, non si irrita, non sospetta il male; non si rallegra dell'ingiustizia, ma gioisce con la verità, tollera ogni cosa, crede ogni cosa, spera ogni cosa, sopporta ogni cosa.*

Oggi in questo mondo ci sono conflitti, discordie; in molte case ci sono liti tra mariti e mogli o fra parenti; questo perché non c'è amore spirituale in loro. Tutto ciò porta a scontri e non si riesce a mantenere una casa dolce e pacifica, perché tutti vogliono avere ragione e desiderano solamente essere amati.

Quando le persone arrivano ad amare Dio al di sopra di tutto, ottengono l'amore spirituale in cambio di quello carnale. L'amore carnale è mutevole ed egoista, mentre quello spirituale mette gli altri prima di sé stesso con umiltà; cerca prima il bene degli altri piuttosto che il proprio. Se tu avessi questo amore spirituale, la tua casa sarebbe certamente piena di felicità e armonia.

Come spesso accade, quando inizi ad amare Dio vieni perseguitato dai tuoi famigliari o dagli amici che non credono nel Signore (Marco 10:29-30), ma non dura per molto. Infatti, se la tua anima prospera e raggiungi il quarto livello della fede, la persecuzione viene trasformata in benedizione ed i persecutori ti ameranno ed approveranno.

2 Corinzi 11:23-28 descrive quanto duramente l'apostolo Paolo sia stato perseguitato mentre predicava il vangelo per il Signore. Egli lavorò per Lui più sodo di chiunque altro, fu messo in prigione, brutalmente flagellato ed esposto alla morte continuamente, più di tanti altri. Eppure, Paolo fu comunque grato e allegro invece di vivere nell'angoscia.

Di conseguenza, se giungi al quarto livello della fede in cui ami Dio più di qualsiasi altra cosa, anche attraversando la valle dell'ombra della morte, questo luogo diventerà presto il cielo e la persecuzione cambierà in benedizione, perché Dio è con te.

In Matteo 5:11-12 Gesù ci dice *"Beati sarete voi, quando vi insulteranno e vi perseguiteranno e, mentendo, diranno contro di voi ogni sorta di male per causa mia. Rallegratevi e giubilate, perché il vostro premio è grande nei cieli, poiché così hanno perseguitato i profeti che furono prima di voi...."*

Occorre comprendere che anche se le prove e gli affanni ci vengono contro a causa della nostra fedeltà a Dio, quando ti rallegrerai e sarai contento, non solo riceverai il Suo amore, un riconoscimento e una ricompensa in cielo, ma anche il centuplo di quello che hai perso nel tempo presente.

I frutti dello Spirito Santo e le beatitudini

Una volta raggiunto il quarto livello della fede, produrrai in abbondanza i nove frutti dello Spirito Santo e le Beatitudini cominceranno a venire su di te. Galati 5:22-23 ci parla dei nove frutti dello Spirito Santo: *"Il frutto dello Spirito invece è amore, gioia, pace, pazienza, benevolenza, bontà, fedeltà, mansuetudine, autocontrollo; contro queste cose non c'è legge"* (Nuova Riveduta).

Il frutto dello Spirito Santo è l'amore di Gesù Cristo che dà acqua al nemico quando ha sete e cibo quando ha fame. Quando produci il frutto della gioia, sarai ricoperto della vera pace e felicità perché cercherai solamente bontà e bellezza; quando produci il frutto della pace, vivrai in pace con tutti, nella santità.

Inoltre, pregherai continuamente con gratitudine e gioirai producendo il frutto della pazienza anche se devi affrontare sofferenze e prove. Con il frutto della benevolenza, perdonerai cose e persone imperdonabili, capirai cose che non puoi comprendere e ti prenderai cura degli altri in modo che possano prosperare anche più di te. Con il frutto della bontà, potrai liberarti di qualunque tipo di malvagità, ricercare la bellezza del cuore buono e non trascurerai né ferirai i sentimenti di altre persone.

Con il frutto della fedeltà, ubbidirai completamente alla parola di Dio e Gli sarai fedele al punto di deporre la tua stessa esistenza perché desideri ardentemente la corona della vita. Con il frutto della mansuetudine, che è delicata come il cotone, potrai porgere la guancia sinistra quando qualcuno ti colpisce sulla guancia destra, e potrai abbracciare chiunque con amore e misericordia.

Infine, con il frutto dell'autocontrollo seguirai le direzioni date da Dio senza caparbietà o parzialità, e porterai a termine la volontà di Dio in modo meraviglioso ed armonico.

Oltre a tutto questo, vedrai che le Beatitudini descritte in Matteo 5, immutabili ed eterne, cominceranno a venire anche su di te.

Quando produrrai i frutti dello Spirito Santo in abbondanza e le Beatitudini cominceranno a manifestarsi su di te, allora sarai molto vicino al quinto livello della fede: qui, sarai condotto nella via della prosperità e ti saranno date quelle cose che hai solamente pensato.

Per giungere alla vetta di una montagna devi scalarla un passo alla volta. In cima sarai completamente rinfrescato, e gioirai anche se il viaggio è stato molto arduo. I coltivatori lavorano sodo con la speranza di un raccolto abbondante, perché credono di potere raccogliere il frutto del loro sudore. Allo stesso modo, se noi viviamo nella verità raccoglieremo le benedizioni che Dio ci assicura nella Bibbia.

Prego nel nome del nostro Signore che tu possa avere la fede che ti fa amare Dio più di tutto e tutti, gettando via i tuoi peccati, lottando diligentemente contro di essi e vivendo secondo la Sua volontà!

Capitolo 8

Fede in cui Dio si Compiace

Carissimi, se il nostro cuore non ci condanna,
abbiamo fiducia davanti a Dio e qualunque cosa chiediamo,
la riceviamo da lui, perché osserviamo i suoi comandamenti
e facciamo le cose che gli sono gradite.
(1 Giovanni 3:21-22)

I genitori sono pieni di gioia e orgoglio verso i propri figli quando questi ubbidiscono loro, li rispettano e li amano dal profondo del cuore. Davanti a tale comportamento, i genitori non solo daranno ai figli quanto essi chiedono, cercheranno anche di capire quali siano le loro necessità inconfessate in modo da poterle soddisfare.

Similmente, quando tu ubbidisci e compiaci Dio, non solo riceverai da Lui qualunque cosa tu chieda, ma anche qualsiasi altra cosa il tuo cuore desidera, perché Dio è grandemente compiaciuto dalla tua fede e dal tuo amore. Effettivamente, nulla è impossibile quando hai una relazione così con Lui.

Ora, scaviamo più in profondità per capire quale sia la fede che compiace Dio e in che modo si può raggiungere.

1. Il quinto livello di Fede

La fede che compiace Dio è più alta della fede che ama Dio al di sopra di ogni altra cosa. Qual è dunque, la fede in cui Lui si compiace? Intorno a noi vediamo figli che amano veramente i genitori, che rispettano la loro volontà, che capiscono il loro cuore. Solamente quando si capisce la dimensione dell'amore in cui dei genitori sono appagati pienamente, si comprende quale sia la fede che compiace Dio.

Quale tipo di amore soddisfa Dio?

Le favole coreane raccontano di figli premurosi, figlie o nuore le cui azioni di amore soddisfano i genitori e smuovono anche il cielo. Per esempio, c'è la storia di un figlio che prendeva grande cura di sua madre, ormai anziana e ammalata, che fece qualsiasi cosa perché lei guarisse, ma invano.

Un giorno egli sentì che la mamma poteva guarire se avesse bevuto del sangue dal suo dito; decise allora di tagliarsi il dito in modo che la madre bevesse il suo sangue. Così la mamma guarì. Chiaramente, non c'è alcuna prova medica che il sangue dell'uomo possa dare nuova vita ad una persona ammalata, ma l'aspetto importante della favola è l'amore sacrificale e la serietà di un figlio che smosse addirittura Dio, il quale gli diede grazia, così come cita anche un proverbio coreano "la sincerità smuove il cielo."

C'è un'altra storia commovente, che racconta di un figlio il quale si prende cura dei suoi genitori, anche questi malati. Egli raggiunse le profondità di una montagna in pieno inverno, facendosi faticosamente strada attraverso la fitta neve che gli arrivava fino alle ginocchia, per andare a cogliere delle erbe rare e frutti misteriosi, solo perché gli fu detto che erano buoni per la salute dei suoi genitori.

C'è ancora un'altra storia, quella di un uomo e sua moglie che servirono fedelmente, ogni giorno, i loro anziani genitori con buon cibo, anche se spesso sia loro che i propri bambini rimasero frequentemente senza cibo.

Cosa dire delle persone di oggi? C'è chi nasconde cibi prelibati per i figli, ma non si cura dei propri genitori o lo fa con grande riluttanza. Non si può dire che riversare amore sui figli dimenticandosi, però, della grazia e dell'affetto dei propri genitori sia amore genuino. Chi ama veramente i propri genitori li servirà con cibo buono, e potrebbe anche nascondere il fatto che i propri figli ne siano privati.

Riusciresti a sacrificarti per i tuoi genitori in questo modo? Dovremmo conoscere la differenza ovvia tra l'amore che obbedisce con gioia e gratitudine, e quello che compiace i genitori. In passato non era facile trovare figli con un amore smisurato verso i propri genitori. Oggi questo sentimento scarseggia perché il mondo è sempre più inondato di peccato e malvagità.

La stessa cosa vale per l'amore dei genitori, che si dice dovrebbe essere il sentimento più sublime e prezioso. Mia madre stessa, che mi ha amato moltissimo, una volta, piangendo amaramente per le mie continue malattie a causa delle quali non avevo nessuna speranza di guarigione, mi disse "Figlio mio, l'unica cosa che ti è rimasta da fare è morire."

In che modo l'Iddio misericordioso ci ha mostrato il Suo grande amore? Non solo ci ha dato il Suo unico e beneamato Figlio perché morisse sulla croce in modo da aprire la via della salvezza e del cielo, ma ci ha anche dato il Suo infinito amore.

Nel mio caso, da quando ho incontrato Dio, ho provato e realizzato il Suo amore coinvolgente, e questo mi ha aiutato a comprenderLo dal profondo del cuore per crescere così fino alla piena misura della fede, rapidamente. In questo modo sono riuscito ad amarLo sopra ogni altra cosa ed ho raggiunto la fede che compiace Dio.

Possedere la fede che compiace Dio

Nel Salmo 37:4 Dio promette *"Prendi il tuo diletto nell'Eterno ed egli ti darà i desideri del tuo cuore."* Se soddisfi il Signore, Egli non solo ti darà qualunque cosa Gli chiederai, ma anche tutto ciò che desideri nel tuo cuore. Quando ho iniziato la mia chiesa avevo solamente 10 dollari americani eppure, dopo aver pregato con fede, il Signore mi benedisse in modo tale che riuscii ad affittare una struttura di 900 metri quadrati dove fondare la chiesa. Inoltre, fin dall'inizio ho pregato con grande visione e grandi sogni per le missioni mondiali, e così, Dio ha anche dato alla nostra chiesa un grande risveglio e benedizioni in misura buona, pigiata, scossa e traboccante.

Tutto è ugualmente possibile anche per te se hai la fede che compiace a Dio, perché Gesù ci ricorda in Marco 9:23 *"Se tu puoi credere, ogni cosa è possibile a chi crede."* Come menzionato in tutto Deuteronomio 28, verrai benedetto nel tuo entrare e nel tuo uscire, presterai a molti ma non prenderai in prestito da nessuno, Dio farà di te la testa e non la coda. In aggiunta, come promesso in Marco 16, i segni ti accompagneranno.

Gesù promette anche favori inimmaginabili in Giovanni 14:12-13; leggiamo insieme questi versi per vedere quali sono le benedizioni che ti seguiranno quando compiacerai Dio con fede:

In verità, in verità vi dico: chi crede in me farà anch'egli le opere che io faccio; anzi ne farà di più

*grandi di queste, perché io vado al Padre. E
qualunque cosa chiederete nel nome mio la farò,
affinché il Padre sia glorificato nel Figlio.*

Benedizioni date ad Enoch

Nella Bibbia vediamo molti patriarchi della fede che
soddisfarono Dio, e fra loro c'è un certo Enoch, menzionato in
Ebrei 11. Quale fu il comportamento da lui assunto e che ha
compiaciuto Dio, e quali benedizioni ha ricevuto?

*Per fede Enoch fu trasferito in cielo perché non
vedesse la morte, e non fu più trovato perché Dio lo
aveva trasferito; prima infatti di essere portato via,
egli ricevette la testimonianza che era piaciuto a Dio.
Ora senza fede è impossibile piacergli, perché chi si
accosta a Dio deve credere che egli è, e che egli è il
rimuneratore di quelli che lo cercano* (Ebrei 11:5-6).

Genesi 5:21-24 lo ritrae come un uomo che soddisfò Dio
completamente per aver condotto una vita in santità dall'età di
65 anni e che Lo servì fedelmente. Enoch camminò con Dio per
300 anni condividendo il suo amore con Lui. Non vide la morte
in quanto il Signore stesso lo portò via. Fu così
abbondantemente benedetto che è tutt'ora accanto al trono di
Dio che condivide con Lui il massimo livello dell'amore.

Allo stesso modo, se possiedi la fede che compiace a Dio, è
possibile anche per te essere portato via, in cielo, senza vedere la
morte. Anche il profeta Elia non vide la morte fisica, ma fu

trasportato in cielo, per aver testimoniato dell'Iddio vivente e avere salvato molte persone mostrando loro le opere sorprendenti della potenza della fede che fa gioire Dio.

Credi che Dio esista e che ricompensi quelli che lo cercano sinceramente? Se hai tale fede, allora sei nel cammino giusto, ma dovrai anche essere santificato completamente e deporre la tua stessa vita affinché tu possa compiere ciò che Dio ha determinato per te.

2. Fede per sacrificare la propria vita

Gesù ci comanda in Matteo 22:37-40 ciò che segue:

> *"Ama il Signore Dio tuo con tutto il tuo cuore, con tutta l'anima tua e con tutta la tua mente. Questo è il primo e il gran comandamento. E il secondo, simile a questo, è: ama il tuo prossimo come te stesso. Da questi due comandamenti dipendono tutta la legge e i profeti."*

Come dice Gesù, le persone che amano Dio non Lo soddisfano solo perché Lo amano con tutto il cuore, con tutta l'anima e con tutta la mente, ma anche perché amano anche i propri vicini come se stessi. Questa fede che compiace Dio si può chiamare "la fede di Cristo" o "la fede completamente spirituale," perché è tanto stabile da portare chi la possiede a deporre senza riserve la propria vita per Gesù Cristo.

Ha sacrificato la Sua vita per volontà di Dio

Gesù ha ubbidito completamente alla volontà di Dio: Egli fu crocifisso, diventò il primo frutto della resurrezione ed ora siede accanto al trono di Dio; tutto questo perché ha avuto la fede per sacrificarsi completamente al punto di deporre la Sua stessa vita, in obbedienza completa. Iddio stesso ha testimoniato di Gesù dicendo: "Questi è il mio amato Figlio, nel quale mi sono compiaciuto;" "Questi è il mio amato Figlio, in cui mi sono compiaciuto: ascoltateLo!"; *"Ecco il mio servo che io ho scelto; l'amato mio in cui l'anima mia si è compiaciuta"* (Matteo 3:17; 17:5; 12:18).

In tutta la storia della chiesa sono stati molti i patriarchi della fede che, per compiere pienamente la volontà di Dio, hanno dato la loro vita senza riserve proprio come ha fatto Gesù. Non solo, anche Pietro, Giacomo e Giovanni seguirono Gesù in ogni momento, ed hanno dato la vita per Lui senza alcuna esitazione o riserve come molti altri. Pietro morì su una croce, appeso al contrario; Giacomo fu decapitato; Giovanni fu gettato nell'olio bollente ma non morì, dopodiché fu esiliato nell'isola di Patmos.

Molti cristiani morirono nel Colosseo, a Roma, come prede di leoni mentre continuavano a lodare il Signore; altri ancora vissero nelle Catacombe, una sorta di cimitero sotterraneo, senza mai vedere la luce del sole. Dio fu compiaciuto della loro fede perché vissero secondo ciò che dicono le Scritture in Romani 14:8: *"Perché, se pure viviamo, viviamo per il Signore; e se moriamo, moriamo per il Signore, dunque sia che viviamo, sia che moriamo, siamo del Signore."*

Nel 1992 io cominciai a sanguinare gravemente dal naso, a causa di un eccesso di lavoro e mancanza di riposo, tanto che sembrava non ci fosse rimasto più sangue nel mio corpo; presto mi ritrovai in condizioni critiche, perché iniziai a perdere i sensi sempre più spesso fino ad arrivare alla soglia della morte.

In quel momento avevo la sensazione che presto sarei stato tra le braccia di Gesù e non avevo nessuna intenzione di dipendere da trattamenti medici; nemmeno di fronte alla morte ho voluto vedere dottori, né andare in ospedale, né cercare altre cure o rimedi, perché credevo nel Padre onnipotente. La mia famiglia e i membri della mia chiesa mi esortarono in questa mia decisione perché, conoscendomi bene, sapevano che la mia vita è stata consacrata al Signore e non al mondo o agli uomini.

Anche quando ero incosciente a causa della massiccia emorragia, il mio spirito ringraziava Dio perché ero già riposto nell'abbraccio di Gesù e mi sentivo sempre più vicino al riposo eterno; la mia unica speranza era quella di incontrarLo.

In quei giorni il Signore mi mostrò in una visione quello che sarebbe successo alla mia chiesa dopo la mia morte: delle persone sarebbero rimaste nella chiesa, mantenendo la loro fede, mentre molte altre persone sarebbe ritornate nel mondo, lasciando Dio e peccando contro di Lui.

Al vedere questo, io non fui più capace di restare nell'abbraccio di Gesù e Gli chiesi sinceramente di fortificarmi, perché provai una profondissima tristezza per le persone che sarebbero tornate indietro nel mondo. Poi, con l'aiuto di Dio che mi guarì, mi tirai su dal letto e immediatamente riuscii a sedermi, pur essendo quasi morto ed avendo un colorito pallido come la neve.

Dopo aver recuperato tutti i sensi vidi molti dei lavoratori della chiesa versare lacrime di contentezza. Come non potevano essere commossi dopo avere testimoniato la stupenda e potente opera di Dio che risuscita una persona dalla morte? Così, Dio si compiace in coloro che dimostrano di avere la fede di sacrificare fino la propria vita senza riserve, e risponde loro rapidamente. Attraverso i martiri della chiesa primitiva il vangelo fu rapidamente sparso in tutto il mondo. Anche in Corea, il sangue dei martiri aiutò la rapida divulgazione del vangelo.

Fede per obbedire a tutta la volontà di Dio

1 Tessalonicesi 5:23 dice *"Ora il Dio della pace vi santifichi egli stesso completamente; e l'intero vostro spirito, anima e corpo siano conservati irreprensibili per la venuta del Signor nostro Gesù Cristo."* Qui, l'espressione "intero spirito," ovvero "lo spirito provvisto di tutte le sue parti, considerato in tutta la sua grandezza ed estensione," si riferisce allo stato dello spirito che soddisfa completamente il cuore di Gesù Cristo.

Un uomo dallo spirito intero è quello che vive esclusivamente secondo la volontà di Dio, perché questo tipo di persona può sentire sempre la voce dello Spirito Santo ed il suo cuore, a forza di udire la verità, ne diviene parte, realizzando a pieno la Parola divina. Puoi diventare una persona spirituale e agire secondo l'atteggiamento di Gesù quando sei completamente santificato, quando ti sei liberato da ogni malvagità e hai lottato contro il peccato che si trova in te.

Se un uomo spirituale si equipaggia con la Parola di Dio, la verità governa completamente, non solo il suo cuore, ma anche la sua intera vita.

Possiamo chiamare questo tipo di fede "fede completa" o "fede spirituale e perfetta di Gesù Cristo." Tale fede si può raggiungere grazie ad un cuore sincero, come descritto in Ebrei 10:22: *"Accostiamoci con cuore sincero, in piena certezza di fede, avendo i cuori aspersi per purificarli da una cattiva coscienza e il corpo lavato con acqua pura."*

In ogni modo, questo non vuole dire che riusciremo ad essere uguali a Gesù Cristo, neanche avendo il suo sentimento e la sua fede. Per esempio, supponiamo che un figlio rispetti moltissimo suo padre e cerchi di assomigliargli. E' probabile il carattere e la personalità siano simili, ma non potrà mai essere suo padre stesso.

Allo stesso modo, nessuno potrà mai essere esattamente come Gesù Cristo. Egli stabilì un ordine spirituale in Matteo 10:24-25 dicendo quanto segue: *"Il discepolo non è da più del maestro, né il servo da più del suo signore, basta al discepolo di essere come il suo maestro e al servo come il suo padrone."*

Che dire della relazione tra Mosè, che condusse gli israeliti fuori dell'Egitto, e Giosuè che fu il suo successore e condusse il suo popolo nella terra di Canaan? Mosè divise il Mare Rosso e fece scaturire acqua da una roccia, ma Giosuè non gli fu da meno nel compiere i miracoli di Dio: egli fermò il flusso delle acque in piena del fiume Giordano, Gerico crollò, il sole e la luna si fermarono per circa un intero giorno al suo comando. Ciononostante Giosuè non poteva mai essere superiore a Mosè, che aveva parlato faccia a faccia con Dio.

In questo mondo, uno studente può essere superiore al suo insegnante; nel mondo spirituale, invece, questo è impossibile perché il regno spirituale è comprensibile solo con l'aiuto di Dio e non grazie a libri o conoscenza umana. Perciò, chi è disciplinato spiritualmente da un insegnante spirituale, non diventerà superiore al suo insegnante, che comprende ed agisce in grazia di Dio.

Nella Bibbia Eliseo ha ricevuto la doppia porzione dello spirito di Elia e fece più miracoli del suo maestro; ma era comunque minore di Elia, che fu portato in cielo ancora in vita fisica. Anche durante i primi giorni della chiesa, Timoteo faceva molte cose per il Signore Gesù, ma non era superiore al suo insegnante, l'apostolo Paolo.

Siccome il regno spirituale non ha limiti, nessuno riuscirà a capirne pienamente la profondità; per questo riusciamo a conoscerlo solo attraverso gli insegnamenti di Dio e non da noi stessi. Sebbene vediamo molti pesci colorati e numerose piante nuotando nelle raggiungibili profondità delle acque oceaniche, nessuno sa esattamente quanto sia profondo l'oceano o quali siano tutte le piante e gli animali che vivono nei fondali. Più in profondità si esplora e più si viene a conoscenza delle ricchezze contenute negli oceani. Allo stesso modo, più investighi nel regno spirituale, più ne amplierai la tua conoscenza.

Dio stesso mi insegna e mi permette di capire il regno spirituale così da poter raggiungere i livelli più profondi; mi ha condotto anche a sperimentare il mondo dello spirito; mi guida e mi insegna dettagliatamente riguardo la misura della fede e mi usa per condurre le persone a raggiungere il livello più profondo del regno spirituale. Sapendo questo, dovresti esaminare te stesso più attentamente per cercare di raggiungere la fede più matura.

3. Fede per manifestare segni e prodigi

Se la tua fede è completa e la verità è stabilita nel tuo cuore, pregherai senza sosta e ti sforzerai di vivere secondo la volontà di Dio. Questo perché ognuno di noi dovrebbe essere investito di potenza dall'alto per portare alla salvezza il maggior numero di anime possibili, ognuna delle quali, Dio considera la più preziosa dell'universo.

Perché Gesù fu crocifisso? Per salvare le anime perdute che vagano nel cammino del peccato, per farli diventare figli di Dio.

Perché Gesù disse "Ho sete" mentre era inchiodato sulla croce, sanguinante, dopo ore sotto il sole bruciante? Attraverso questa frase Gesù non chiedeva di smorzare la Sua sete fisica, provocata dalla perdita di tutto il Suo sangue, ma di alleviare quella spirituale pagando il salario con il Suo sacrificio. Era un appello serio rivolto a noi, affinché possiamo portare alla salvezza il maggior numero possibile di anime perdute, conducendole nelle braccia di Gesù.

Salvare molte persone con potenza

Quando una persona raggiunge il quinto livello di fede, quello che soddisfa Dio pienamente, inizierà a chiedersi sinceramente: "Come posso condurre molte persone tra le braccia del Padre? Come posso espandere il regno di Dio e la Sua giustizia?", e farà davvero del suo meglio per compiere tutto questo. Oltre a soddisfare il Signore portando a termine i propri doveri dati dal Padre, cercherà di fare anche altro.

Persino una persona dedicata in questo modo non potrà soddisfare Dio se non ha ricevuto potenza, perché, come ci viene ricordato in 1 Corinzi 4:20 *"Il regno di Dio non consiste in parole, ma in potenza."*

In quale modo è possibile ricevere potenza per condurre molte persone sulla via della salvezza? Solamente attraverso la preghiera incessante. Infatti, salvare le anime non è determinato dalla nostra parola, conoscenza, esperienza, reputazione o autorità, ma unicamente dalla potenza rilasciata da Dio.

Dunque, le persone che sono al quinto livello della fede devono continuare impazientemente a pregare per ricevere la potenza attraverso la quale si potrà condurre alla salvezza il maggior numero di anime possibile.

La potenza trova origine nel regno di Dio

Una volta ho incontrato un pastore che oltre ad essere di cuore gentile, cercava anche di adempiere ai suoi doveri e pregava di vivere secondo la parola di Dio. Nella sua vita, però, non produceva abbastanza frutti, almeno non come lui desiderava. Per quale ragione? Se lui avesse amato Dio realmente avrebbe dovuto sottomettere a Dio la sua intera mente, volontà, vita e finanche la sua saggezza. Purtroppo questo non accadde perché il reale padrone della sua vita era ancora lui stesso. Non permetteva a Dio di condurlo.

Non dipendendo completamente dal Signore nell'esercizio del suo ministero, ma basandosi sulla conoscenza acquisita e sulla propria mente, non fu in grado di manifestare quell'opera di Dio che va oltre l'abilità dell'uomo, anche se infine, vide alcuni risultati dai suoi sforzi.

Perciò, tu, prega, ascolta la voce dello Spirito Santo, fatti guidare dallo Spirito invece di contare sui tuoi pensieri. Solamente quando diventi un uomo di verità guidato pienamente dallo Spirito Santo, sperimenterai opere miracolose, manifestate attraverso la potenza che ti è stata concessa dall'alto.

Quando fondi le tue azioni su pensieri e teorie umane, anche se conosci la Parola di Dio, preghi e fai il tuo dovere, Dio non è con te, perché tale atteggiamento è arrogante ai Suoi occhi. Devi perciò gettare completamente via la natura peccaminosa, pregare ardentemente di essere una persona spirituale e perfetta, e chiedere la potenza di Dio, nella comprensione dell'affermazione dell'apostolo Paolo che confessò "Io muoio ogni giorno."

Pregare sotto l'ispirazione dello Spirito Santo

Chiunque ha accettato il Signore Gesù dovrebbe pregare, perché la preghiera è il respiro spirituale. La sostanza della preghiera differisce a seconda dei diversi livelli della fede. Una persona al primo o secondo livello della fede prega principalmente per sé stesso e non può farlo a lungo, magari neanche per dieci minuti, perché non ci sono molti motivi per cui pregare.

La maggior parte delle volte non lo fa nemmeno con fede e dal profondo del cuore, anche se pregasse per il regno di Dio e la Sua giustizia. Ma quando si entra nel terzo livello della fede, si comincia a pregare per se stessi e anche per il regno di Dio e la

Sua giustizia con una certa efficacia.

E quali sono le richieste da elevare al Padre una volta entrati nel quarto livello? A questo stadio, si prega solamente per il regno di Dio e per la Sua giustizia, perché ci si è completamente liberati di tutti quegli atti e di quei desideri tipici della natura peccaminosa.

Chi è a questo livello di fede, non ha bisogno di pregare per essere liberato dai suoi peccati perché vive già secondo la Parola di Dio. Oltre alle necessità personali o quelle che riguardano la sua famiglia, una persona qui pregherà per la salvezza di molti, per l'avanzamento del regno di Dio e della Sua giustizia, per la sua chiesa, per chi lavora in essa, per tutti i fratelli e le sorelle nella fede. Prega continuamente perché è ben consapevole che non può salvare neanche un'anima senza ricevere la potenza di Dio che viene dall'alto. Prega ardentemente, con tutto il suo cuore, tutta la sua anima, tutta la sua mente e tutta la sua forza per il regno di Dio e la Sua giustizia.

Inoltre, se raggiunge il quinto livello della fede, offrirà preghiere di ringraziamento che piacciono a Dio, preghiere che possono smuoverLo dal Suo trono.

A differenza di prima, chi adesso è al quarto livello di fede, può sentire che la sua preghiera arriva al cielo, attraverso l'ispirazione dello Spirito, nell'istante in cui si inginocchia per invocare.

È difficile pregare per liberarsi dei propri peccati. Ma non è così quando chi prega lo fa con fede per ricevere la potenza di Dio, avendo il cuore rivolto alle anime da salvare e l'intento di compiacere a Dio, con un amore ardente per Lui.

Dimostrazione di segni miracolosi e prodigi

Quando un credente prega assiduamente, con amore ardente per ricevere la potenza di Dio, attraverso la sua orazione, molti segni miracolosi e prodigi vengono manifestati, a conferma che possiede la fede che piace a Dio.

Gesù, Colui che ha compiuto molti segni, miracoli e prodigi durante il Suo ministero, dice in Giovanni 4:48 *"Se non vedete segni e miracoli, voi non credete."* Egli poteva condurre facilmente le persone ad avere fede in Lui, testimoniando del Dio vivente e mostrando le Sue meraviglie.

Anche oggi Dio sceglie le persone giuste, permettendo loro di compiere tutto questo, ed anche opere più grandi di quelle fatte da Gesù (Giovanni 14:12). Nella mia chiesa si sono verificati numerosi segni e miracoli.

Ora esaminiamo quali sono i segni e i prodigi che si manifestano attraverso chi ha la fede che compiace il Signore. Prima di tutto, quando la potenza di Dio, che va al di là della capacità umana, viene compiuta e manifestata a noi, è chiamata "segno." Per esempio, un cieco che vede, un sordo che sente, un paralitico che cammina, una gamba più corta che viene allungata, i ricurvi che possono stare dritti e le disfunzioni infantili o le paralisi cerebrali che si normalizzano.

Riguardo questi segni Gesù dice così in Marco 16:17-18:

E questi sono i segni che accompagneranno quelli che hanno creduto: nel mio nome scacceranno i demoni, parleranno nuove lingue; prenderanno in

mano dei serpenti anche se berranno qualcosa di
mortifero, non farà loro alcun male; imporranno le
mani agli infermi, e questi guariranno.

Per "quelli che hanno creduto" si intende le persone che
hanno la fede del Padre. I segni che accompagnano "quelli che
hanno creduto" possono essere classificati in cinque categorie e
di queste parlerò in dettaglio nel prossimo capitolo.

In secondo luogo, fra le tante opere di Dio i "prodigi" sono i
miracoli tipo: il cambiamento delle condizioni climatiche che
comporta lo spostamento di nuvole, il fermare la pioggia o il farla
discendere, lo spostamento di corpi celesti e degli astri.

Secondo la Bibbia, Dio mandò tuoni e pioggia quando
Samuele pregò (1 Samuele 12:18). Quando il Profeta Isaia
invocò il Signore, sappiamo che Egli *"fece retrocedere l'ombra*
di dieci gradini" (2 Re 20:11). Anche Elia *"pregò intensamente*
che non piovesse, e non piovve sulla terra per tre anni e sei
mesi. Poi pregò di nuovo, e il cielo diede la pioggia"
(Giacomo 5:17-18).

Similmente, il Dio d'amore guida le persone sulla via della
salvezza mostrando segni, miracoli e prodigi tangibili attraverso
le persone che Lui ritiene atte a manifestarli. Perciò, dovremmo
avere una fede ferma nella parola di Dio, scritta nella Bibbia, e
dovremmo cercare di raggiungere la fede che piace al Signore.

4. Essere fedele in tutto alla casa di Dio

Le persone al primo o secondo livello della fede possono

entrare temporaneamente nello stato del quinto livello; infatti quando ricevono lo Spirito Santo sono talmente ripieni di Esso che non temono nemmeno la morte, ma essendo pieni di grazia, pregano diligentemente, proclamano il vangelo, e frequentano tutte le riunioni della chiesa. Ricevono tutto quello che chiedono perché al momento si trovano al quarto o quinto stadio della fede, anche se la loro esperienza è provvisoria. Quando perdono la pienezza dello Spirito Santo, però, ritornano presto al loro proprio livello di fede.

Le persone che sono davvero arrivate al quinto livello della fede non regrediscono, perché completamente e costantemente ripieni dello Spirito Santo che possono controllare e modellare perfettamente la loro mente, senza vivere come le persone del primo o secondo livello. Inoltre, essi compiacciono veramente il Signore essendo fedeli in tutta la Sua casa.

Numeri 12:3 ci dice quanto segue circa Mosè *"Or Mosè era un uomo molto mansueto, più di chiunque altro sulla faccia della terra,"* e nel versetto 7 continua *"Ma non così con il mio servo Mosè, che è fedele in tutta la mia casa."* Da questo sappiamo che Mosè era al quinto livello della fede e così poteva compiacere a Dio.

Cosa significa "essere fedele in tutta la casa di Dio?" Perché Dio riconosce solamente quelli che sono fedeli in tutta la Sua casa, come questo Suo fedele servo e coloro che hanno la fede che a Lui piace?

Significato della fedeltà in tutta la casa di Dio

Chi è "fedele in tutta casa di Dio" ha la fede di Cristo, o "la fede spirituale e completa;" fa tutto con l'atteggiamento di Gesù Cristo; agisce col cuore di Cristo e dello Spirito, senza contare sul proprio pensiero o sulla sua mente.

Siccome ha raggiunto la mente della bontà, la mente di Cristo, una persona a questo livello non litiga né alza la voce contro qualcuno, non frantumerà la canna rotta né spegnerà il lucignolo fumante (Matteo 12:19-20). Tale persona ha crocifisso la natura peccaminosa insieme alle sue passioni e desideri, e così può essere fedele a tutti i suoi doveri.

Questo tipo di credente, non ha alcun residuo di egoismo in sé, ma solamente il cuore di Cristo – un cuore spirituale – perché ha gettato via tutta la sua carnalità e non si cura o preoccupa di ricevere onore, potere e ricchezze dal mondo.

Invece, il suo cuore trabocca di speranza per le questioni eterne: l'avanzamento del Regno di Dio e la Sua giustizia vivendo in questo mondo; come diventare una grande persona in cielo ed essere amato da Dio Padre; come vivere felice per sempre e come farsi grandi tesori in cielo. Di conseguenza una persona così può essere fedele in tutti i suoi doveri, perché dalla profondità del suo cuore fluiscono solamente il fervore e la sincerità per portare avanti il Regno divino.

Ci sono differenze nella misura devozionale fra le persone che portano avanti il Regno e la giustizia di Dio. Chi esegue esclusivamente il compito che gli è stato affidato, sta soltanto adempiendo alla sua responsabilità personale.

Per esempio, quando assumi qualcuno, gli offri un salario per compiere il lavoro per il quale è assunto e pagato. Non si può quindi dire che tale persona è stata "fedele in tutta la casa," anche se ha svolto un buon lavoro. Per essere "fedele in tutta la casa" non solo deve eseguire responsabilmente l'incarico prestabilito, ma fare molto di più senza risparmiare se stesso ed i suoi possedimenti materiali, e con sincerità va molto al di là del completare unicamente l'incombenza a lui destinata.

Perciò, non puoi essere riconosciuto "fedele in tutta la casa di Dio" solo per aver completamente rinunciato al peccato, lottando contro di esso fino al punto di dare te stesso nel grande amore che hai per Dio, e per aver adempiuto pienamente al tuo dovere con un cuore santificato. Puoi essere riconosciuto "fedele in tutta la casa di Dio" solo quando sei pienamente santificato e adempi al tuo dovere estremamente bene, al di là delle tue responsabilità, con la fede di Cristo, Colui che è obbediente fino alla morte.

Essere pienamente fedeli alla Casa di Dio

Sappiamo di essere al quarto livello della fede se amiamo Gesù Cristo sopra ogni cosa, possediamo l'amore spirituale di 1 Corinzi 13, e portiamo i frutti dello Spirito Santo, come descritto in Galati 5. Ma al di là di tutto questo, possiamo raggiungere la fede che piace a Dio quando viviamo le Beatitudini di Matteo 5 e siamo fedeli in tutta la casa di Dio. Perché è così?

C'è una differenza tra l'amore da cui conseguono i frutti dello Spirito Santo e l'amore di 1 Corinzi 13. Questa seconda scrittura definisce l'amore spirituale, mentre quello da cui si estraggono i frutti dello Spirito Santo, è l'amore infinito che adempie la legge.

Perciò, l'amore del frutto dello Spirito Santo copre una più vasta scala di quello descritto in 1 Corinzi 13. In altre parole,

quando il sacrificio di Gesù Cristo, che adempì la legge con amore sulla croce, si aggiunge all'amore di 1 Corinzi 13, allora, si può parlare di *"amore come frutto dello Spirito Santo."*
La gioia verrà dall'alto insieme alla felicità spirituale ed alla pace, perché la tua carnalità scomparirà in proporzione al maturarsi dell'amore spirituale. La pienezza di questa gioia si realizzerà solo quando vedrai, sentirai e penserai tutto ciò che è buono.

Non odierai nessuno, perché non ci sarà odio in te; sarai inondato di gioia servendo gli altri, dando loro il bene, anche sacrificandoti se necessario. Pur vivendo in questo mondo, non cercherai più le cose carnali le quali soddisfano gli interessi personali, ma sarai pieno della speranza celeste, farai avanzare il Regno e la giustizia di Dio, compiacerai il Signore conducendo alla salvezza più persone possibili. Potrai vivere in pace con i tuoi vicini di casa e con gli altri, mostrando gentilezza verso di loro; sarai colmo di pazienza e di pace della mente perché godrai di vera felicità e gioia.

Questo è perché ora puoi essere tanto compassionevole quanto tollerante. Raggiungerai la bontà e la gentilezza, non litigherai né alzerai la voce contro qualcuno; non frantumerai la canna rotta e non spegnerai il lucignolo fumante. Le persone piene di bontà possono essere spiritualmente fedeli perché hanno già gettato via il proprio egoismo.

Inoltre, siccome la misura della fede differisce da individuo ad individuo secondo la personale arrendevolezza del cuore, più gentilezza uno ha, più alta è la misura della sua fede. E' semplice "quantificare" quanto una persona sia gentile: lo è in proporzione alla sua fedeltà verso la casa di Dio, ai suoi doveri a casa, al lavoro, nelle relazioni con gli altri ed in comunità. Mosè, l'uomo più umile sulla faccia della terra, è rimasto fedele in ogni dovere che gli era stato assegnato.

Infatti, come si potrebbe essere perfetti senza autocontrollo? L'autocontrollo è il primo passo verso la fedeltà nei riguardi della casa di Dio, perché altrimenti sarebbe impossibile essere ben equilibrati in ogni cosa senza questo frutto dello Spirito Santo anche se avessimo tutti gli altri otto frutti.

Per esempio, facciamo il caso che dopo l'incontro di gruppo della tua cellula vai a visitare un tuo amico da qualche altra parte. Sarebbe molto ineducato da parte tua arrivare in ritardo o cambiare l'orario dell'appuntamento all'ultimo momento, e non perché l'incontro della cellula è finito più tardi ma perché tu sei rimasto a chiacchierare con gli altri del gruppo. Come puoi essere fedele in tutto verso la casa di Dio se non puoi mantenere una piccola promessa o realizzare un impegno come questo, se sei privo di autocontrollo? Devi comprendere che sari fedele in tutto alla casa di Dio solamente quando la tua vita sarà ben equilibrata con questo frutto dello Spirito.

Amore spirituale, frutti dello Spirito e beatitudini

Le Beatitudini verranno su di te secondo quanto è il tuo amore spirituale e quanto pratichi i frutti dello Spirito Santo. Le Beatitudini sono dei chiari riferimenti al carattere, è come descrivere le qualità di un vaso. Sarai perfettamente fedele alla casa di Dio soltanto quando le beatitudini saranno complete su di te, attraverso una vita condotta secondo ciò che hai coltivato nel tuo cuore.

La storia Coreana é stata spesso caratterizzata da consiglieri del re che si presero cura di ogni affare governativo come fossero questioni personali. In questo modo furono capaci di servire il re aiutandolo a prendere decisioni corrette, anche se qualche volta questo significò grande sofferenza personale o addirittura la morte. Essi non solo amarono il re come se stessi, ma anche il paese intero, e di conseguenza agirono per il bene della nazione.

D'altra parte, alcuni altri consiglieri erano solo apparentemente fedeli ai loro re, ma quando questi non attuavano i loro sinceri ripetuti suggerimenti, si dimettevano per vivere da eremita. Non così quelli sinceri: essi erano servitori fedeli al re fino alla fine, senza dare adito a sentimenti duri nei suoi confronti anche se tuttavia, non mutavano la loro idea, neanche, come già detto, davanti alla possibilità di perdere la vita.

Le qualità di un vaso e il carattere del cuore

Per chiarire cosa vuole dire "essere fedele in tutto verso la casa di Dio," vorrei prima esaminare il carattere del singolo individuo paragonandolo ad un vaso, in quanto esistono persone diverse con diverse qualità caratteriali e molti generi di vasi.

Una migliore caratteristica del proprio carattere deriva da quanto ben si coltivi il proprio cuore, nel bene, nella gentilezza. Il carattere, come un vaso, è determinato dall'utilizzo proprio o improprio, dall'ubbidienza o dalla disubbidienza. Dipende da come e con che tipo di cuore si reagisce alla parola di Dio, e quanto si mette in pratica di quello che è custodito in esso.

Così, una persona che è un buon vaso, fa tesoro della parola di Dio meditandola profondamente nel proprio cuore come Maria: *"Maria custodiva tutte queste parole, meditandole in cuor suo"* (Luca 2:19).

Il carattere del cuore di ogni persona varia in proporzione a quanto essa lasci aperta la sua mente nell'eseguire il suo dovere, in modo competente o meno. Facendo esempi di vari modi con cui le persone rispondono alla stessa situazione, classificherò in quattro diverse categorie il carattere che consegue attraverso le reazioni di diversi individui.

La prima categoria è quella di chi fa oltre ciò che gli è stato richiesto. Esempio: i genitori chiedono al loro bambino di raccogliere la spazzatura dal pavimento, e il figlio non solo pulisce il pavimento, ma inizia a spolverare e ripulire ogni angolo della sua stanza, e per finire butta l'immondizia. Questo bambino dà ai suoi genitori gioia e soddisfazione, perché supera le loro aspettative. Quanto sarà amato un figlio così? I diaconi Stefano e Filippo erano persone appartenenti a tale categoria: essi erano uomini con la mente aperta tanto da poter compiere segni e miracoli fra il popolo, proprio come facevano gli apostoli (Atti 6).

La seconda categoria è quella delle persone che compiono solamente ciò che viene loro richiesto di fare. Per esempio, se il bambino raccoglie solamente la spazzatura dal pavimento, così come i suoi genitori gli hanno chiesto, sarà di certo amabile ai loro occhi perché ha ubbidito, ma non saranno completamente compiaciuti.

La terza categoria è quella di coloro che non fanno ciò che devono. Il loro cuore è freddo, sono apatici e anche infastiditi dal fatto che sia stato loro richiesto qualcosa. Le persone che dicono di amare Dio ma non pregano né si prendono cura del gregge di Gesù appartengono a questo gruppo. In una parabola di Gesù, un sacerdote ed un levita camminando notano sull'altro lato della strada un uomo che è stato derubato e malmenato; anche loro due fanno parte di questa categoria (Luca 10). Siccome tali individui non hanno amore, attuano ciò che Dio odia di più, come l'arroganza, l'indifferenza, l'adulterio e il tradimento.

La quarta ed ultima categoria è quella di coloro che si comportano peggio, per i quali sarebbe stato meglio non aver mai cominciato a svolgere l'incarico richiesto. Il bambino che rompe un vaso di fiori in un gesto di stizza verso i suoi genitori che gli hanno chiesto di raccogliere la spazzatura, appartiene a questo gruppo.

Un cuore generoso e la fedeltà verso la casa di Dio

Avendo spiegato le quattro categorie del carattere, è chiaro che un individuo può essere riconosciuto come un grande vaso quando fa il suo dovere e va oltre quello che ci si aspetta da lui. Infatti, la grandezza di una persona – paragonata ad un vaso – dipende da quanto allarghi la sua mente con la speranza e da quanto sinceramente si sforzi di fare ciò che gli è stato richiesto, in chiesa, al lavoro o a casa.

Tornando alla chiesa, se qualcuno a cui è affidato un determinato compito, acconsente prontamente rispondendo, con un pieno "Amen!", può essere ritenuto un grande vaso. Questa persona ha un cuore generoso, perché non solo ha ubbidito alla richiesta, ma l'ha anche portata a termine andando oltre ogni aspettativa, con sincerità e mente aperta. In questo

senso, essere fedele in tutta la casa di Dio è riferito alla misura
della propria generosità. La sincerità varia secondo la misura
della generosità.

Vorrei ora esaminare delle persone che sono state fedeli in
tutto verso la casa di Dio. In Numeri 12:7-8 è chiaro quanto Dio
amò Mosè, che fu fedele alla Sua casa. Questi versi ci dicono
come sia importante essere fedele verso la casa di Dio:

> *Ma non così con il mio servo Mosè, che è fedele in
> tutta la mia casa. Con lui io parlo faccia a faccia,
> facendomi vedere, e non con detti oscuri; ed egli
> contempla la sembianza dell'Eterno. Perché dunque
> non avete temuto di parlare contro il mio servo,
> contro Mosè?*

Il patriarca, non solo aveva un amore costante ed un cuore
immutabile verso Dio, rivolgeva questa stessa attitudine verso la
sua gente, la sua famiglia. Eseguiva i suoi doveri senza mai
cambiare idea, dava sempre la priorità alle cose eterne di Dio,
non appagava la sua gloria e non cercava la sua personale
ricchezza. Era così affidabile che, quando il popolo peccò, egli
chiese a Dio di salvarlo offrendo in cambio la propria vita.

Ma come ha reagito quando, al suo ritorno con le tavole dei
Dieci Comandamenti, dopo aver digiunato per quaranta giorni,
vide che il popolo si era fabbricato un vitello d'oro da adorare? È
probabile che la maggior parte di noi in quella situazione
avrebbe detto "Io non posso più sopportarli Dio! Fai pure di loro
ciò che vuoi!"

Mosè al contrario, come ho già detto, chiese ancora una volta a Dio di perdonarli dai loro peccati. Egli era pronto e disposto a sacrificare la sua vita, come garanzia, perché nel suo cuore abbondava di amore per loro.

Lo stesso fece Abrahamo, il patriarca della fede. Quando Dio progettò di distruggere Sodoma e Gomorra, egli non pensò che ciò avesse niente a che fare con lui. Piuttosto, implorò Dio affinché salvasse i loro abitanti: *"Ammesso che ci siano cinquanta giusti nella città, distruggeresti tu il luogo e non lo risparmieresti per amore dei cinquanta giusti che si trovano nel suo mezzo?"* (Genesi 18:24)

Poi chiese a Dio misericordia affinché non distruggesse quelle città se ci fossero state almeno quarantacinque persone giuste; così proseguì nella sua richiesta, anche se il numero dei giusti fosse stato solo quaranta, trentacinque, trenta, venti o dieci. Alla fine, ricevette l'ultima risposta: *"Non la distruggerò per amore dei dieci"* (Genesi 18:32). Comunque, le due città furono distrutte perché in esse non c'erano neanche dieci persone rette.

Ma facciamo un passo indietro. Abrahamo qualche tempo prima, aveva anche rinunciato al suo diritto di scelta a favore di Lot, perché questi optasse per un migliore territorio in cui trasferirsi, quando la terra nella quale vivevano non poteva più sostenerli entrambi a motivo dell'abbondanza dei loro possedimenti. Allora il nipote scelse per sé l'intera pianura, che gli sembrò buona, si mise in cammino e sistemò le sue tende vicino a Sodoma.

Più tardi, e lo leggiamo in Genesi 14:1-24, le due città furono sconfitte in una guerra e molte persone prese prigioniere, incluso

Lot. A questo punto a scapito della sua vita, Abrahamo con 318 persone seguì il nemico, liberò sia il nipote che gli altri prigionieri, e restituì loro ciò di cui erano stati derubati.

Il re di Sodoma allora salutò il patriarca e gli disse *"Dammi le persone, e prendi i beni per te"* (v. 21). Ma egli non prese niente dai saccheggiatori e rispose *"Non avrei preso niente di ciò che ti appartiene, neppure un filo o un legaccio dei calzari"* (v. 23). E gli restituì tutto ciò di cui era stato defraudato.

Anche Abrahamo aveva un atteggiamento paziente quando incontrava o si associava a qualcuno, senza fare del male né infastidire nessuno. Non solo confortò le persone, donando piacere e speranza, ma le amò e servì sinceramente

Come essere fedele alla casa di Dio

Mosè ed Abrahamo furono uomini di grande generosità, sinceri, perfetti, veritieri e non trascurarono nulla. E tu, cosa devi fare per essere fedele in tutto verso la casa di Dio?

Primo, devi esaminare ogni cosa e avere bontà, non spegnere il fuoco dello Spirito e non disprezzare le profezie. In altre parole, dovresti vedere, sentire e pensare sempre in bontà, dire sempre la verità e andare solo in luoghi edificanti.

Secondo, devi rinnegare e sacrificare te stesso con amore spirituale a favore del Regno di Dio e della Sua giustizia. Questo sarà possibile solo crocifiggendo la tua natura peccaminosa con le sue passioni e i suoi desideri. Potrai determinare quali sono le priorità nella tua vita e soddisfare Dio, desiderando le cose spirituali e slegandoti dal mondo.

Devi sforzarti sinceramente di possedere la fede per amare

Dio al massimo, rimanendo fermo sulla roccia della fede. Se hai fede per amare Dio al massimo, sentirai il bisogno di entrare rapidamente nella dimensione in cui puoi compiacerLo attraverso la tua completa fedeltà verso la Sua casa.

Possedere la fede per compiacere Dio è come laurearsi o prendere un diploma. Dopo aver ricevuto il titolo di studio puoi applicare quello che hai imparato a scuola per avere successo in questo mondo.

Similmente, quando giungi al quarto livello di fede, le profondità del regno spirituale iniziano ad esserti rivelate, perché il regno spirituale è immenso in profondità, lunghezza, e altezza.

Al quinto livello di fede, comprenderai il profondo e generoso cuore di Dio fino ad un certo punto. Intenderai quanto amore Dio ha, e quanto Egli sia pieno non solo di esso, ma anche di misericordia, perdono, gentilezza, e bontà. Sarai capace di sperimentare il grande amore divino, perché sentirai il Signore camminare con te e scoppierai in lacrime solo pensando a Lui.

Ecco perché ti incoraggio a diventare una persona di grande generosità ed obbedienza, piena di devozione e di amore, sapendo che c'è una grande differenza tra il quarto e il quinto livello della fede, in termini di amore spirituale e sacrificio. Io spero che riceverai ogni cosa da Dio con la fede che può soddisfarLo, e che sarai benedetto abbastanza da mostrare e compiere segni e prodigi con la preghiera costante.

Che tu possa godere di tutte queste benedizioni che Dio ha preparato per te, questo prego nel nome di Gesù Cristo!

Capitolo 9

I Segni che Accompagnano Coloro che Hanno Creduto

La Misura della Fede

E questi sono i segni
che accompagneranno quelli che hanno creduto:
nel mio nome scacceranno i demoni,
parleranno nuove lingue;
prenderanno in mano dei serpenti anche
se berranno qualcosa di mortifero,
non farà loro alcun male;
imporranno le mani agli infermi,
e questi guariranno.

(Marco 16:17-18)

Nella Bibbia troviamo che Gesù compie molti segni e miracoli, tutti portati a termine dal potere di Dio che sorpassa ogni capacità umana. Quale fu il primo segno compiuto da Gesù?

Egli cambiò l'acqua in vino ad un banchetto matrimoniale in Cana di Galilea, come descritto in Giovanni 2:1-11. Quando Gesù seppe che il vino era finito, mandò i servitori a riempire d'acqua sei vasi di pietra, fino all'orlo, e dopo disse loro di portarne un po' al cerimoniere. Quando questi l'assaggiò, la bevanda non era più acqua ma vino, e lodò il buon gusto del nuovo vino.

Perché Gesù, il Figlio di Dio, ha trasformato l'acqua in vino come primo dei Suoi miracoli? L'evento ha un numero di implicazioni spirituali. Cana di Galilea rappresenta questo mondo; il banchetto matrimoniale raffigura l'ultima volta in cui le persone di questo mondo mangeranno per sentirsi pieni, si ubriacheranno e saranno completamente contaminati dalla malvagità (Matteo 24:37-38). L'acqua si riferisce alla parola di Dio ed il vino al sangue prezioso di Gesù Cristo.

Perciò, il miracolo del mutamento dell'acqua in vino indica che il sangue di Gesù, nella crocifissione sarebbe stato il sangue che dona all'umanità la vita eterna. La gente complimentò il vino per il suo buon sapore; ciò vuol dire che le persone avranno gioia perché i loro peccati sono stati perdonati "bevendo" il sangue di

Gesù e guadagnando la speranza di andare in cielo.

Partendo da questo primo miracolo, Gesù compì molti eventi straordinari meravigliosi. Salvò un bambino ormai morto; cibò cinquemila persone con solo cinque pani e due pesci; cacciò i demoni; diede la vista ai ciechi e restituì la vita a Lazzaro, che era morto da quattro giorni.

Ma, qual era lo scopo finale di Gesù nel compiere questi segni? Salvare le persone al fine di rivelare il Suo potere e confermare l'uomo nella fede, come ci dice in Giovanni 4:48 *"Se non vedete segni e miracoli, voi non credete."* Ecco perché ancora oggi Dio, che considera ogni anima l'elemento più prezioso di tutto l'universo, ci mostra molti segni attraverso coloro che hanno fede e riescono a deporre la propria vita per la salvezza di altri.

Ora guardiamo in dettaglio i vari segni che accompagnano coloro i quali hanno la fede che piace a Dio.

1. Cacciare i demoni

La Bibbia ci parla chiaramente sull'esistenza dei demoni, anche se molte persone, oggi argomentano: "Non ci sono demoni da nessuna parte." Un demone è uno spirito malvagio che va contro Dio; in generale, inganna le persone che servono gli idoli, caricandoli di prove e difficoltà, portandole a proprio servizio in modo inesorabile.

Gesù ci ha insegnato che dovremmo cacciarli e dominare su

di loro, se abbiamo la vera fede: "E questi sono i segni che accompagneranno quelli che hanno creduto: nel mio nome scacceranno i demoni."

In Giovanni leggiamo anche *"Ma a tutti coloro che lo hanno ricevuto, egli ha dato l'autorità di diventare figli di Dio, a quelli cioè che credono nel suo nome."* Sarebbe vergognoso se noi figli di Dio avessimo paura dei demoni o fossimo soggetti ai loro inganni.

A volte, i nuovi credenti senza fede spirituale sono disturbati dai demoni quando si recano nei ritiri di preghiera. Alcune persone potrebbero anche essere possedute da loro perché chiedono i doni e la potenza di Dio mentre non provano minimamente a liberarsi della propria malvagità.

I nuovi credenti, dunque, dovrebbero sempre essere affiancati da leader spirituali capaci di cacciare i demoni nel nome di Gesù Cristo. Solo dopo potranno pregare senza alcun ostacolo.

Cacciare i demoni nel nome di Gesù Cristo

Lo stesso principio vale nell'ambito di una chiesa, i ministri e i collaboratori quando fanno visita ai nuovi fratelli. Dovrebbero sempre cacciare i demoni prima, attraverso il discernimento spirituale, e poi, chi li accoglie potrà aprire il cuore, ricevere la grazia di Dio e la fede attraverso il messaggio che udrà. La visita potrebbe essere disturbata da Satana se prima il nemico non viene cacciato: la persona che incontrerai potrebbe mantenere un cuore duro, e non riceverebbe né grazia né fede. Chi ha gli occhi spirituali aperti, facilmente distingue gli impedimenti e gli spiriti malvagi; alcuni individui, infatti, sono totalmente posseduti da demoni, ma nella maggior parte dei casi, altri sono solo in parte controllati da loro nei propri pensieri.

A volte assumono un comportamento che va contro la verità quando Satana lavora nella loro mente, perché la loro fede è ancora debole, oppure, vivono tuttora dei residui della natura peccaminosa – come adulterio, furto, menzogna, rabbia, gelosia ed invidia. Il cuore può cambiare quando viene rilasciato un messaggio da un ministro che ha abbastanza potenza spirituale per cacciare i demoni nel nome di Gesù Cristo.

Mentre l'uomo di Dio parla col potere da Lui ricevuto, alcuni piangono di pentimento perché sono profondamente compunti nel cuore o perché realizzano il peso del peccato, e nel contempo, raggiungono anche maggiore fede e forza per lottare contro il peccato. Nel giro di alcuni mesi i nuovi credenti, noteranno quanto siano cambiati nel carattere e nella fede. Sono queste le azioni che rendono possibile il mutamento della propria natura nella verità.

Nei quattro Vangeli si legge di come molte persone furono trasformate nella propria natura dopo aver incontrato Gesù. Per esempio, anche se l'apostolo Giovanni era una persona dal forte temperamento, tanto da essere chiamato *"figlio del tuono"* (Marco 3:17), incontrando Gesù fu trasformato fino ad essere chiamato "l'apostolo dell'amore."

Similmente, un uomo completo nella fede può far sì che altre persone siano trasformate, come fece Gesù Cristo e può cacciare i demoni nel Suo nome, perché ha la potenza per dominare sul nemico, Satana.

Come cacciare i demoni

Ci sono diversi modi di liberazione dai demoni; a volte succede subito con la preghiera ed altre volte i demoni non lasciano l'individuo neanche dopo aver pregato centinaia di volte. Se una persona di fede viene posseduta da demoni, perché si è sviata, e quindi il Signore ha tolto il Suo sguardo sulla sua vita, il demone in lui potrebbe essere cacciato facilmente se quando riceve la preghiera si è pentita con lacrime. Questo è possibile perché la persona conosce la parola di Dio ed ha già una misura fede.

In quale caso è difficoltoso cacciare i demoni malgrado la preghiera? Quando un demone molto malvagio possiede una persona che non ha fede e non conosce la verità. In tal caso, essendo la possessione troppo radicata e malvagia, non sarà facile per la persona avere fede. Perché sia libero, qualcuno dovrà aiutarlo a raggiungere la fede, capire la verità, pentirsi ed abbattere il muro del peccato.

Una possessione potrebbe aver luogo anche nel caso di figli nati da genitori cristiani nella cui vita, però, c'è un problema. In un caso del genere, il bambino non sarà lasciato dal demone finché i suoi genitori non si pentono dei loro peccati, ricevono la vera salvezza e si stabiliscono fermamente sulla roccia della fede.

Ci sono anche casi in cui le persone vengono colpite e influenzate dalle forze dell'oscurità. Può capitare di vedere un cristiano che conduce una vita agonizzante nella fede e con difficoltà nell'aprire il cuore. Ebbene, in tale persona, i pensieri del mondo, i dubbi, le fatiche, impediscono di ascoltare il messaggio del Vangelo malgrado sia sinceramente intenzionato a riceverlo.

Tale caso può verificarsi quando le forze delle tenebre agiscono su una famiglia a causa di un parente, un antenato, che ha servito con devozione altri idoli, o a causa di genitori che sono maghi o idolatri. Ciononostante quando la persona diverrà figlio della luce, ascolterà diligentemente la parola di Dio e pregherà pazientemente; il demone lo lascerà e la sua famiglia potrà venire alla salvezza.

Dio odia l'idolatria a tal punto che c'è uno spesso muro di peccato tra Lui e l'idolatra. Di conseguenza, per vivere nella verità, bisogna continuare a lottare contro questo impedimento fino ad abbatterlo; il tempo occorre per la liberazione dipende da quanto la persona in questione prega ferventemente e cambia.

Eccezioni in cui i demoni non abbandonano la persona

In quale caso i demoni non vanno via, neanche se gli viene comandato nel nome di Gesù Cristo?

I demoni non lasciano la persona che una volta credeva in Dio e la cui coscienza si è indurita troppo dopo essersi sviata. Tale persona non può tornare a Dio neanche se ci prova, perché la sua coscienza è stata sostituita completamente dalla falsità.

Questo succede perché esiste un peccato che conduce alla morte, come troviamo in 1 Giovanni 5:16 *"Vi è un peccato che è a morte; non dico egli debba pregare per questo."* In altre parole, Dio non risponderà neanche se la persona in questione pregasse con ardore.

Quale è il peccato che conduce alla morte? Bestemmiare o parlare contro lo Spirito Santo. La persona che commette tale peccato non può essere perdonata né in questa età né in quella che verrà, non potrà mai essere salvata, anche se pregasse incessantemente.

In Matteo 12:31, Gesù dice che la bestemmia contro lo Spirito non sarà mai perdonata. Ma cosa si intende per bestemmia contro lo Spirito? Disturbare l'opera dello Spirito Santo con una mente malvagia, giudicandola e condannandola di propria volontà. Per esempio, è una bestemmia il giudicare apostata una chiesa dove Dio è all'opera, rilasciando false dichiarazioni e spargendo dicerie a suo riguardo (Marco 3:20-30).

In Matteo 12:32 Gesù ha detto *"E chiunque parla contro il Figlio dell'uomo, sarà perdonato; ma chi parla contro lo Spirito Santo, non gli sarà perdonato, né in questa età né in quella futura;"* e in Luca 12:10 dice ancora *"E chiunque parlerà contro il Figlio dell'uomo sarà perdonato, ma chi bestemmierà contro lo Spirito Santo, non sarà perdonato."*

Chiunque proferisce parole contro il Figlio dell'Uomo, perché lo fa senza conoscerLo, può essere perdonato dei suoi peccati, ma chi bestemmia e parla contro lo Spirito Santo, non può essere perdonato e si troverà sulla via che conduce alla morte perché impedisce l'opera di Dio. Per questo guardati bene dal bestemmiare e parlare contro lo Spirito Santo, sapendo che questo peccato è troppo grave per esserne perdonato e ancor meno redento.

Ebrei 10:26 ci dice che se continuiamo intenzionalmente a peccare, anche dopo aver ricevuto la conoscenza della verità, non ci sarà più nessun sacrificio per quei peccati. Sappiamo bene attraverso la parola di Dio cosa sia il peccato, e di conseguenza, non dovremmo più commettere alcun male.

Ma se proseguiamo a peccare intenzionalmente, la nostra coscienza diventerà gradualmente insensibile, arida come un ferro che prima era rovente. Alla fine saremo abbandonati in quanto non potremo più ricevere lo spirito di pentimento.

Coloro che sono stati una volta illuminati e sono stati resi partecipi dello Spirito Santo, che hanno gustato il dono del cielo, della buona parola di Dio e le potenze del mondo che verrà, ma sono caduti, non potranno più ricevere lo spirito di pentimento perché sarebbe come crocifiggere di nuovo il Figlio di Dio esponendolo a pubblico disonore (Ebrei 6:4-6).

Non sarà data, purtroppo, alcuna opportunità di pentimento a chi ha ricevuto lo Spirito Santo, la conoscenza del cielo e dell'inferno, intende la Parola di Dio, e quando è tentato dal mondo, continua a cadere disonorando la gloria di Dio.

A parte i casi appena descritti, per i quali Dio non può che voltare la Sua faccia dalla persona, possiamo dominare il nostro nemico Satana, il diavolo; ecco perché i demoni possono essere cacciati quando lo comandiamo nel nome di Gesù Cristo.

Pregare ininterrottamente vivendo pienamente nella verità

Che dolore quando un servitore di Dio o collaboratore comanda ai demoni di lasciare una persona nel nome di Gesù ma questi non vanno via! C'è dunque bisogno di ricevere la potenza per dominare e controllare il diavolo. Per compiere i segni che accompagnano coloro che credono, infatti, devi giungere allo stato in cui compiaci Dio non solo dimorando completamente nella verità e amandoLo dal profondo del tuo cuore, ma anche pregando ferventemente ed incessantemente.

Poco dopo aver fondato la mia chiesa, un giovane credente posseduto da epilessia venne nella provincia di Gang-won per incontrarmi, dopo avere sentito le notizie che circolavano riguardo il mio ministero di guarigione. Anche se pensava di servire Dio, essendo un insegnante di scuola domenicale e membro del coro, egli non cercò di liberarsi dei suoi pecca, al contrario, continuò a peccare perché era estremamente arrogante. Di conseguenza, un demone malvagio entrò nella sua mente corrotta e iniziò a soffrire gravemente di epilessia.

L'opera di guarigione fu manifestata a motivo dell'appassionata preghiera di suo padre e dell'impegno ardente che aveva per il figlio. Quando palesai l'identità del demone e lo cacciai fuori in preghiera, il giovane, inconsapevolmente, cascò all'indietro mentre un schiuma maleodorante coprì la sua bocca. Questo accadde solo dopo essersi equipaggiato della parola di Dio, aver frequentato seriamente la chiesa ed essere diventato una persona nuova in Cristo. Poi, il ragazzo fece ritorno a casa. Più in là nel tempo, ho sentito che serve fedelmente la sua chiesa e testimonia con franchezza della sua guarigione.

Sono stato testimone di innumerevoli liberazioni dai demoni o dalle forze delle tenebre, che hanno sorpassato i limiti imposti dal tempo e dello spazio, anche attraverso la preghiera fatta con un fazzoletto sul quale io avevo precedentemente pregato.

In un'altra occasione, un giovane di Ul-san, della provincia di Kyungnam, durante il primo anno di liceo fu severamente malmenato da studenti di classi superiori e da alcuni amici perché si rifiutò di fumare con loro. Di conseguenza, il ragazzo iniziò ad essere così inquieto e successivamente indemoniato, che fu ricoverato in un ospedale mentale per sette mesi. Nonostante tutto, egli fu liberato dal demone dopo avere ricevuto la preghiera fatta con un fazzoletto sul quale io avevo pregato. Recuperò la salute ed ora è un prezioso collaboratore nella sua chiesa.

Casi simili si stanno manifestando anche all'estero: per esempio, in Pakistan un laico che già da quattro anni era tormentato da uno spirito malvagio, è stato liberato attraverso la preghiera fatta col fazzoletto, e ha ricevuto lo Spirito Santo ed il dono di parlare in lingue.

2. Parlare in nuove lingue

Il secondo segno che accompagna coloro che credono è il parlare in nuove lingue. Cosa si intende esattamente per nuove lingue?

1 Corinzi 14:15 dice *"Pregherò con lo spirito, ma lo farò anche con la mente; canterò con lo spirito, ma canterò anche con la mente."* Qui vediamo chiaramente che lo spirito è diverso dalla mente; ma qual è la differenza?

La mente può essere pervasa dalla verità o dalla falsità. La prima, mente pulita, fa capo allo spirito; la seconda, mente corrotta, fa capo alla carnalità. Dopo aver accettato Gesù Cristo, il cuore è riempito con lo Spirito tanto quanto il nuovo credente prega e rinuncia al peccato, vivendo secondo Parola di Dio, perché la falsità è ancora profondamente radicata.

Il cuore così, viene poco a poco riempito di Spirito e non rimane alcuna traccia di falsità quando si raggiunge il quarto livello della fede, dove si ama Dio più di qualsiasi altra cosa. Inoltre, avendo la fede che compiace a Dio, il cuore è completamente ripieno di Spirito, e questo stato è chiamato "uno spirito completo." A questo punto, la mente è Spirito e lo Spirito è la mente.

Nuove lingue

Quando il tuo spirito prega sotto l'ispirazione dello Spirito Santo, è chiamata "preghiera in lingue." La preghiera in lingue è una conversazione tra te e Dio, ed è di grandissimo beneficio per la tua vita in Cristo perché Satana non può comprenderla.

Il dono del parlare in lingue è generalmente rilasciato ai figli di Dio quando pregano sinceramente nella pienezza dello Spirito Santo. Il Padre vuole dare i doni a tutti i Suoi figli.

Quando preghi ferventemente in lingue potrai anche cantare inconsapevolmente una canzone in lingue, ballare o anche fare dei movimenti ritmici sotto l'ispirazione dello Spirito Santo: anche se normalmente una persona non sa cantare, in questo caso potrà farlo molto bene; anche non sa ballare, potrà farlo meglio dei ballerini professionisti, perché lo Spirito Santo governa completamente la persona.

Parlare in nuove lingue apre la strada a nuove esperienze spirituali, in cui raggiungere un livello più profondo quando preghi così al quinto livello della fede.

Così potente da cacciare via Satana

Parlare in lingue nuove è così potente che Satana lo teme e

fugge. Per fare qualche esempio, supponiamo che incontri un delinquente che vuole colpirti con un coltello: se in quel momento cominci a pregare in lingue, Dio potrà cambiare le intenzioni dell'aggressore o mandare un angelo a fermargli il braccio; oppure mentre stai guidando sei preso da un sentimento di inadeguatezza ed inizi a pregare, Dio potrebbe suggerire alla tua mente, attraverso lo Spirito Santo, di pregare per farti scampare un incidente.

Quindi, quando preghi in obbedienza all'opera dello Spirito Santo, puoi prevenire un disastro inaspettato o un incidente, perché il nemico si allontana da te mentre Dio ti guida per evitarlo.

Ecco quindi, parlando in lingue siamo protetti, possiamo prevenire prove e difficoltà a casa, a lavoro, negli affari, ovunque, senza alcuna interferenza del nostro nemico, Satana.

3. Prendere in mano i serpenti

Il terzo segno che accompagna coloro che credono è che potranno prendere in mano dei serpenti. Ma a cosa si riferisce?

Guardiamo Genesi 3:14-15

Allora l'Eterno DIO disse al serpente: "Poiché hai fatto questo, sii maledetto fra tutto il bestiame e fra tutte le fiere dei campi! Tu camminerai sul tuo ventre e mangerai polvere tutti i giorni della tua vita. E io porrò inimicizia fra te e la donna e fra il tuo seme e il seme di lei; esso ti schiaccerà il capo, e tu ferirai il suo calcagno."

Questo è il momento in cui il serpente viene maledetto per avere tentato Eva. Qui la figura della "donna" è un riferimento spirituale ad Israele, "il suo seme" è Gesù Cristo; il seme della donna "gli schiaccerà la testa," significa che Gesù Cristo spezzerà l'autorità della morte e di Satana. "Il serpente ferirà il suo tallone" predice come il diavolo avrebbe crocifisso Gesù.

Senza ombra di dubbio "il serpente" è un chiaro riferimento a Satana, anche perché, Apocalisse 12:9 dice: *"Così il gran dragone, il serpente antico, che è chiamato diavolo e Satana, che seduce tutto il mondo, fu gettato sulla terra; con lui furono gettati anche i suoi angeli."*

Di conseguenza, "prendere i serpenti" sta a dire che anche tu spezzerai un movimento del nemico distruggendolo nel nome di Gesù Cristo.

Distruggendo la sinagoga di Satana

Apocalisse dice:

Io conosco le tue opere, la tua tribolazione, la tua povertà (tuttavia tu sei ricco) e la calunnia di coloro che si dicono Giudei e non lo sono, ma sono una sinagoga di Satana (Apocalisse 2:9).

Ecco, io ti consegno alcuni della sinagoga di Satana, che si dicono Giudei e non lo sono, ma

mentono; ecco, li farò venire a prostrarsi ai tuoi piedi
e conosceranno che io ti ho amato (Apocalisse 3:9).

Qui "Giudei," come l'eletto di Dio, sono un riferimento a tutti coloro che credono in Dio. "Coloro che si dicono Giudei," invece, sono la figura di quelle persone che impediscono l'opera di Dio giudicando e calunniandola, qui sulla terra. Si riferisce anche a coloro che contrastano l'opera di Dio perché non è in accordo con il loro pensiero, ed a quelli che odiano e mormorano fra di loro a causa di invidia e gelosia.

Una "sinagoga di Satana" implica due o più persone che si raggruppano per discorrere di altri con un parlare falso e malato, creando problemi in chiesa. E', infatti sufficiente che due persone mormorino per contagiarne molte; da qui a stabilire una sinagoga di Satana, basta poco.

Chiaramente, i pareri costruttivi e i suggerimenti devono essere accettati per lo sviluppo della chiesa. Ma se alcuni membri di chiesa lottano contro il servo di Dio, e presentando delle motivazioni "plausibili," dividono la comunità, si formerà così un gruppo contro la verità: quella è una sinagoga di Satana.

In alcune chiese la preghiera e l'amore si sono raffreddati, il risveglio è improvvisamente finito e, di conseguenza, il regno di Dio non è più saldo in esse, tutto a causa della sinagoga di Satana.

Eppure quest'ultima, non può esercitare il suo potere quando sai discernerlo con la fede che compiace a Dio, cioè quando sei al quinto livello.

Nella mia chiesa non c'è mai stata una sinagoga di Satana da quando è stata fondata. Nei primi giorni del mio ministero, questo avrebbe potuto accadere attraverso delle persone i cui pensieri erano controllati dal nemico, in quanto membri non ancora armati della verità; ogni volta però, Dio mi ha dato la capacità di distruggere queste azioni sul nascere, attraverso la predicazione. Così, ogni tentativo di formare una sinagoga di Satana è stato sconfitto.

Oggi, i membri della mia chiesa possono distinguere chiaramente la verità dalla falsità. Quelli che sono entrati nella chiesa in segreto per formare tale sinagoga, o vanno via, o si pentono, perché in alcuni di loro c'è ancora un buon cuore. Quindi è vero anche che una sinagoga di Satana non può essere stabilita se nessuno si accorda per farlo.

4. Nessun veleno mortifero ti farà alcun male

Il quarto segno che accompagna coloro che credono è che, se anche bevessero del veleno mortale, non farà loro alcun male. Che cosa significa esattamente?

In Atti 28:1-6 si narra l'incidente nel quale l'apostolo Paolo fu morso da una vipera sull'isola di Malta. Gli isolani si aspettavo che lui morisse all'istante o che almeno si gonfiasse (v. 6); invece, non accusò alcun effetto collaterale. Aspettarono per un po' e non avendo visto niente di insolito accadere a Paolo, gli isolani cambiarono parere e lo acclamarono come un dio (v. 6). Paolo aveva una fede perfetta, per questo neanche il veleno di una vipera ha potuto fargli del male.

Anche se una vipera ti mordesse

Le persone con una fede perfetta non si dovrebbero ammalare, non dovrebbero essere infettate da alcun germe, virus o veleno e neanche essere consumati da incidenti, perché Dio può distruggere il veleno col fuoco dello Spirito Santo.

Ovviamente, se il veleno fosse bevuto intenzionalmente non si può essere protetti, perché questo vuole dire tentare Dio, ed Egli non accetta che venga messo alla prova se non per la questione della decima.

Si potrebbe assumere veleno attraverso alimenti intossicati dati col proposito di fare del male; o peggio, un uomo potrebbe dare una bibita drogata ad una donna allo scopo di tentarla, oppure a qualsiasi altra persona per rapirla o derubarla. Ma anche in questi casi, chi possiede la fede perfetta sarà protetto e non ne avrà alcun male, perché quei veleni saranno neutralizzati dal fuoco dello Spirito Santo.

Il fuoco dello Spirito Santo brucia qualsiasi veleno

Verso la fine del mio terzo anno di scuola teologica, mentre mi preparavo per la mia prima riunione di risveglio, ho sentito un dolore lancinante allo stomaco dopo avere bevuto una bibita. In seguito alla preghiera, (ho messo le mani sullo stomaco) e dopo essere andato al bagno, mi sono sentito meglio. Solo il giorno dopo sono venuto a conoscenza che nella bibita c'era qualche sostanza velenosa.

Una volta rimasi a pregare a Jochiwon, in provincia di Choongchung. Vicino al posto dove risiedevo c'era un'università e spesso venivano fatte dimostrazioni studentesche che la polizia soppriveva con gas lacrimogeni: anche quando tutti quelli intorno a me soffrivano di grandi difficoltà nel respirare, io non avevo alcun problema. Nei miei primi giorni di ministero, la mia famiglia viveva nel seminterrato della chiesa. A quei tempi, i coreani usavano i mattoncini di carbone come riscaldamento. La mia famiglia soffrì molto a causa del monossido di carbonio, soprattutto nei giorni nuvolosi, per la mancanza di circolazione dell'aria; io però non ho mai sofferto a causa di quel veleno. Lo Spirito Santo dissolve immediatamente qualsiasi essenza velenosa che entri nel corpo di chi ha la fede che Lo compiace, perché nella Sua pienezza, lo Spirito si muove dentro ed intorno il suo corpo.

5. Si imporranno le mani sui malati e guariranno

Il quinto segno che accompagna coloro che credono è la guarigione degli infermi con l'imposizione delle mani. Per la grazia di Dio, questo segno mi ha accompagnato ancora prima di iniziare il mio ministero. Dopo la fondazione della chiesa, sono moltissime le persone guarite ed hanno glorificato il Signore.

Oggi, non potendo io stesso imporre le mani su ciascun membro della mia chiesa, prego per gli ammalati dal pulpito e comunque molti vengono guariti e rinvigoriti attraverso la preghiera.

Oltre a questo, nel corso delle due settimane annuali di risveglio, che dal 2004, hanno luogo a maggio, abbiamo testimoniato la guarigione da svariate malattie (dalla leucemia, alla paralisi, ai cancri), ed i ciechi vedono, i sordi odono e i paralitici camminano. Attraverso queste opere sorprendenti e divine, un incalcolabile numero di anime ha incontrato l'Iddio vivente.

Ma perché ci sono ancora persone che non ricevono risposte nel mezzo dell'ardente opera dello Spirito Santo, attraverso il quale i virus sono dissolti, gli ammalati guariti e i deboli rinvigoriti?

Prima di tutto, dobbiamo ricordarci che quando uno riceve la preghiera, ma non ha fede, non può essere guarito. La mancanza di fede è l'unico motivo per cui non si riceve la risposta, perché Dio opera secondo la fede di ciascuno. In secondo luogo, il caso di qualcuno che invece cammina in fede ma non è guarito. Si deve ritrovare la causa di ciò nel muro di peccato che lo separa da Dio. In questa circostanza la guarigione arriverà solo quando la persona riceverà preghiera, solo dopo essersi pentito dei suoi peccati ed essere ritornato a Dio.

C'è un'altra cosa da sapere: anche se qualcuno ha l'unzione per guarire gli ammalati attraverso la preghiera, non necessariamente ha raggiunto il quinto livello della fede. E' possibile guarire le persone attraverso il dono di guarigione, pur essendo al terzo livello della fede.

Anche chi è al secondo livello di essa, spesso guarisce gli ammalati attraverso la preghiera, quando è pieno di Spirito Santo, perché ripeto, si può entrare nel quarto o quinto livello della fede per un breve tempo. Inoltre, la preghiera del giusto o la preghiera d'amore sono così potenti ed efficaci che l'opera di Dio viene, in questi casi, manifestata (Giacomo 5:16).

Ci sono però, dei limiti: le malattie causate da batteri o virus (come malattie miti, cancro e deperimenti) possono essere guarite, ma le opere grandi di Dio (come far camminare i paralitici, dare la vista ai ciechi e l'udito ai sordi) non possono essere risolte attraverso questa preghiera.

Se si cacciano i demoni attraverso la preghiera d'amore o il dono di guarigione, dopo un po' questi potrebbero ritornare; ma se è una persona al quinto livello di fede che caccia i demoni, questo non potrà succedere.

Di conseguenza, si può dire di essere al quinto livello della fede solo quando questi cinque segni sono evidenti contemporaneamente, oltre a mostrare una più forte autorità, potenza e doni dello Spirito Santo.

In questo tempo presente, in cui molte persone sono completamente macchiate di malvagità e peccato, è probabile che la gente abbia fede solamente quando vede segni e prodigi più potenti di quelli visti al tempo di Gesù.

Ecco perché il Signore, non solo vuole che i Suoi figli raggiungano la fede spirituale e completa, ma che dimostrino anche i segni che accompagnano coloro che credono per condurre numerose persone sulla via della salvezza.

Ognuno di noi dovrebbe cercare di ricevere forza, autorità e potenza, sapendo che può fare quello che ha fatto Gesù e anche opere più grandi delle Sue, se avrà la fede di Cristo nella quale Dio si compiace.

Prego nel nome di Gesù Cristo che tu possa espandere grandemente il regno di Dio e compiere la Sua giustizia attraverso questo tipo di fede, il prima possibile, e che tu possa per sempre brillare in cielo come il sole!

Capitolo 10

Diverse Abitazioni Celesti e Diverse Corone

La Misura della Fede

Il vostro cuore non sia turbato;

credete in Dio e credete anche in me.

Nella casa del Padre mio ci sono molte dimore;

se no, ve lo avrei detto; io vado a prepararvi un posto.

quando sarò andato e vi avrò preparato il posto,

ritornerò e vi accoglierò presso di me,

affinché dove sono io siate anche voi.

(Giovanni 14:1-3)

Per un atleta olimpico vincere una medaglia d'oro deve essere un momento profondamente commovente; ciò non succede per caso, ma solo dopo duro e lungo addestramento per migliorare le sue abilità, oltre che la rinuncia ai suoi hobby, cibi preferiti e via così. Un campione così può sopportare tutta la fatica del pesante allenamento perché ha un desiderio forte: la medaglia d'oro e sa che il suo sforzo sarà ricompensato con soddisfazione.

È lo stesso per noi cristiani: nella corsa spirituale per il regno dei cieli dobbiamo affrontare il buon combattimento della fede, colpire i nostri corpi rendendoli schiavi per vincere il premio. In questo mondo tutti fanno qualsiasi sforzo pur di ricevere un premio e la gloria. Ma cosa dovremmo fare noi per ottenere tutto ciò nel regno eterno dei cieli?

Le Scritture dicono in 1 Corinzi 9:24-25 *"Non sapete voi che quelli che corrono nello stadio, corrono bensì tutti, ma uno solo ne conquista il premio? Correte in modo da conquistarlo. Ora, chiunque compete nelle gare si auto-controlla in ogni cosa; e quei tali fanno ciò per ricevere una corona corruttibile, ma noi dobbiamo farlo per riceverne una incorruttibile."*

Questo passaggio ci incoraggia ad esercitare autocontrollo in tutto e correre senza sosta, mentre desideriamo ardentemente la gloria che presto godremo in abbastanza presto.

Vediamo di esaminare in dettaglio come si può possedere il regno della gloria dei cieli e come si può arrivare ad una migliore dimora all'interno del cielo stesso.

1. Possedere il cielo attraverso la fede

Ci sono molte persone che pur possedendo onore, potere, ricchezza, prosperità e molta conoscenza, non sanno da dove vengono, per cosa stanno vivendo, né dove stanno andando. Un luogo comune dice che si nasce per mangiare, bere, studiare, lavorare, sposarsi e vivere così... finché con la morte, non si diventa che una manciata di polvere.

Ma il popolo di Dio, cioè le persone che accettano Gesù Cristo, non vedono la vita sotto questa ottica; sanno che il Datore della loro esistenza è il Padre Celeste, e credono che Egli creò il primo uomo, Adamo, permettendogli di avere discendenti da un seme di vita. Così vivono per glorificare Dio: se mangiano, bevono o qualsiasi altra cosa facciano, è perché conoscono il motivo per cui l'Eterno li ha creati permettendo loro di vivere in questo mondo. Vivono secondo la Sua volontà perché sanno che essendo stati salvati, andranno in cielo e riceveranno vita eterna, consci che così scamperanno la punizione del fuoco eterno nell'inferno.

Quelli che hanno la fede sono figli di Dio con la cittadinanza celeste. Egli vuole che conoscano chiaramente il regno dei cieli e siano riempiti con la speranza della loro casa nei luoghi celesti, perché più conoscono il regno dei cieli, più attivamente vivranno la fede in questa vita.

Puoi ottenere il cielo ed averne accesso, solamente attraverso la salvezza per fede. Immense ricchezze, grandi onori e potere, forze personali, non ti fanno conquistare il cielo; solamente chi ha il diritto di figlio di Dio, per averne accettato il Figlio ed aver vissuto secondo la Sua parola, può accedere al cielo e godere la vita eterna con le sue benedizioni.

La salvezza durante il tempo dell'Antico Testamento

Ciò significa che chi non sa niente di Gesù non può essere salvato? No, non è così. Ai tempi del Vecchio Testamento, l'era della Legge, si riceveva la salvezza a seconda della propria ubbidienza alla parola di Dio, per l'appunto, la Legge. In seguito, nei tempi del Nuovo Testamento, iniziato dopo che Giovanni Battista testimoniò di Gesù Cristo, le persone ricevono la salvezza attraverso la fede in Gesù.

Anche nei nostri giorni, però, ci possono essere persone che non hanno accettato Gesù Cristo perché non hanno avuto l'opportunità di sentire parlare di Lui. Queste anime verranno giudicate secondo la loro coscienza (per avere più informazioni su questo argomento puoi leggere il mio altro libro *Il Messaggio della Croce*). In questi ultimi tempi, la volontà di Dio riguardo la salvezza, viene spesso interpretata male. Molti non capiscono, infatti, che la si può ottenere solamente confessando la propria fede con le labbra, dicendo "Io credo che Gesù Cristo è il mio Salvatore," perché dal tempo del Nuovo Testamento Dio ci ha dato la grazia della salvezza attraverso Gesù Cristo. Si pensa che non sia necessario vivere secondo la Sua Parola e che peccare non sia più un grande problema, sebbene tutto ciò sia assolutamente falso.

Cosa si intende esattamente per "salvati per opere," come ai tempi del Vecchio Testamento, e "salvati per fede," come dai tempi del Nuovo Testamento in poi?

Gesù non è venuto in questo mondo per salvare coloro che non vivono secondo la parola divina, ma per condurre le persone a vivere secondo la parola di Dio, quindi, non solo per le opere ma anche con il cuore.

Ecco perché Gesù dichiara in Matteo 5:17 *"Non pensate che io sia venuto ad abrogare la legge o i profeti; io non sono venuto per abrogare, ma per portare a compimento."* Ci ha anche ricordato che se qualcuno commette un peccato nel suo cuore, è come se l'avesse commesso: *"Voi avete udito che fu detto agli antichi: 'Non commettere adulterio.' Ma io vi dico che chiunque guarda una donna per desiderarla, ha già commesso adulterio con lei nel suo cuore"* (Matteo 5:27-28).

La salvezza ai tempi del Nuovo Testamento

Durante il periodo storico che si sovrappone al Vecchio Testamento, se qualcuno commetteva adulterio col cuore senza compierlo fisicamente, non veniva considerato peccatore; infatti, solo quando l'adulterio era portato a termine attraverso l'azione fisica, veniva valutato peccato. Di conseguenza, solamente quando l'intento del cuore diventava azione, gli adulteri venivano lapidati a morte (Deuteronomio 22:21-24). La stessa cosa era valida per l'uccidere o il rubare; se l'intento non si metteva in pratica, la persona non era considerata colpevole di peccato, quindi, poteva essere salvato.

Leggendo 1 Giovanni 3:15 abbiamo una comprensione chiara di cosa voglia dire essere salvato per fede dal tempo del Nuovo Testamento in poi: *"Chiunque odia il proprio fratello è omicida, e voi sapete che nessun omicida ha la vita eterna dimorante in sé."* Significa che non commettere peccati fisicamente o materialmente non ci dà la garanzia di essere salvati perché, per il Signore il peccato espresso con il cuore è uguale al peccato esteriore.

Perciò da quel periodo in poi, chiunque ha intenzione di rubare è considerato già ladro; chiunque guarda desiderando una donna è già adultero; chiunque odia suo fratello e ha intenzione di ucciderlo, non è migliore di un assassino. Avendo chiaramente compreso questo concetto, ribadiamo che la salvezza si riceve solo dimostrando fede nelle azioni e senza peccare nel proprio cuore.

Liberarsi dai desideri della natura peccaminosa

Nella Bibbia spesso si trovano espressioni come "natura peccaminosa," "carne," "cose della carne," "opere della carne," "corpo di peccato" e così via, ma fra i credenti, è molto difficile trovare qualcuno che ne conosca il vero significato.

Secondo il dizionario non c'è differenza tra "carne" e "corpo," ma secondo la Bibbia il significato spirituale è diverso. Per capirlo c'è bisogno di conoscere il processo attraverso cui il peccato entrò nell'umanità.

Il primo uomo era uno spirito vivente, una persona spirituale senza alcuna falsità perché Dio in prima persona gli aveva impartito la conoscenza della vita. La morte venne su di lui quando commise il peccato di disubbidienza, prendendo il frutto dell'albero della conoscenza del bene e del male, trasgredendo il comando di Dio (Romani 6:23).

Lo spirito dell'uomo, che fino ad allora aveva avuto il ruolo di guida, morì, e Adamo non poté più comunicare con Lui. E la creatura umana, ebbe timore del suo Creatore, con il Quale non era più in grado di relazionarsi. Così l'uomo fu cacciato dal Giardino dell'Eden per vivere in questo mondo dove avrebbe affrontato lacrime, dolori, sofferenze, malattie, e morte. Adamo ed i suoi discendenti iniziarono a commettere peccati, a diventare sempre più malvagi, di generazione in generazione.

In questo processo di contaminazione del peccato, chiamiamo "corpo" lo stato in cui la conoscenza della vita originariamente data da Dio è rimossa dall'uomo; e chiamiamo "carne" lo stato in cui gli attributi peccaminosi sono combinati con il "corpo."

Perciò "la carne" è un termine generico che si riferisce agli attributi invisibili, nascosti nel cuore, che possono svilupparsi in azioni diverse, e allora si parla di "desideri della carne."

Per esempio, caratteristiche come invidia, gelosia e odio sono invisibili, non si trasformano in azioni finché rimangono nel cuore; ciononostante, Dio li considera peccati.

Ora, l'insieme dei desideri della natura peccaminosa è definibile come "carne;" quando a questi desideri seguono le azioni, parleremo di "opere della carne." Se dunque, non ci liberiamo dei desideri della carne, questi saranno rivelati attraverso le nostre azioni e li definiremo "opere della carne."

Esempio, se hai intenzione di litigare e venire alle mani con qualcuno, si parla di "desiderio della carne;" se lo fai veramente e colpisci quella persona, allora parliamo di "opera della carne."

Il significato spirituale di "carne," come definito in Genesi 6:3:

> *E l'Eterno disse: "Lo Spirito mio non contenderà per sempre con l'uomo, perché nel suo traviamento egli non è che carne; i suoi giorni saranno quindi centovent'anni."*

Questo verso ci ricorda che Dio non vuole stare con persone che non vivono secondo la Sua parola, che commettono peccati e diventano "carne."

Egli, infatti, ha sempre circondato della Sua presenza solo persone spirituali, come Abramo, Mosè, Elia, Noè e Daniele, individui che hanno cercato solo la verità e vissuto secondo la divina Parola. Sapendo quindi che i carnali, vale a dire coloro che non vivono secondo la parola di Dio, non possono essere salvati, dovremmo sforzarci di liberarci rapidamente otre che delle opere della carne, anche dei suoi desideri.

Gli uomini carnali non erediteranno il regno di Dio

Dal momento che Dio è amore, Egli conferisce il diritto di divenire Suoi figli e concede lo Spirito Santo come dono a coloro che comprendono di essere peccatori, si pentono dei loro peccati ed accettano Gesù Cristo come Signore. Quando ricevi lo Spirito Santo, attraverso di Lui il tuo spirito che era morto, ritorna a vivere.

A questo punto, non sei più una persona carnale, ma spirituale. Così si ricevono salvezza e vita eterna. Ma, se continui a vivere compiendo le opere della carne, non sarai salvato, perché Dio non sarà con te.

L'elenco dettagliato delle opere della carne è leggibile in Galati 5:19-21:

> *Ora le opere della carne sono manifeste e sono: adulterio, fornicazione, impurità, dissolutezza, idolatria, magia, inimicizie, contese, gelosie, ire, risse, divisioni, sètte, invidie, omicidi, ubriachezze, ghiottonerie e cose simili a queste, circa le quali vi prevengo, come vi ho già detto prima, che coloro che fanno tali cose non erediteranno il regno di Dio.*

Gesù ci dice anche in Matteo 7:21: *"Non chiunque mi dice: 'Signore, Signore' entrerà nel regno dei cieli; ma chi fa la volontà del Padre mio che è nei cieli."* Dio desidera che tutti vengano alla salvezza e raggiungano il cielo per fede. Nella Bibbia infatti, leggiamo continuamente, che l'ingiusto – vale a dire chi non vive secondo la volontà divina ma per le opere della propria carne – non potrà entrare in cielo.

Vuoi ricevere la salvezza per fede?

In Romani 10:9-10 leggiamo *"Poiché se confessi con la tua bocca il Signore Gesù, e credi nel tuo cuore che Dio lo ha risuscitato dai morti, sarai salvato. Col cuore infatti si crede per ottenere giustizia e con la bocca si fa confessione, per ottenere salvezza.''*

Il tipo di fede che Dio desidera elargire, è quella con cui si crede col cuore e si confessa con la bocca. In altre parole, se credi veramente nel tuo cuore che Gesù è diventato il tuo Salvatore attraverso la resurrezione nel terzo giorno dopo la Sua crocifissione, rinunci al peccato e vivi secondo la Sua Parola, sarai salvato. Quando confessi con la bocca e allo stesso tempo vivi in accordo alla Sua volontà, la salvezza è in te, perché la tua confessione è vera.

Ecco perché in Romani 2:13 leggiamo *"Perché non coloro che odono la legge sono giusti presso Dio, ma coloro che mettono in pratica la legge saranno giustificati;"* anche Giacomo 2:26 aggiunge *"Infatti, come il corpo senza lo spirito è morto, così anche la fede senza le opere è morta."*

Potrai dimostrare la tua fede con le opere solo quando credi nella parola di Dio dal cuore, senza immagazzinandola come semplice conoscenza. Quando la conoscenza è piantata nel tuo cuore, allora seguiranno le opere.

Così, se prima odiavi, adesso puoi essere trasformato in qualcuno che ama il prossimo; se eri un ladro, adesso puoi essere trasformato in qualcuno che non ruba più. Se vivi nelle tenebre, ami ancora il mondo e confessi la tua fede solamente con la bocca, purtroppo la tua fede è morta perché non ha niente a che fare con la salvezza.

In 1 Giovanni 1:7 c'è anche scritto *"Ma se camminiamo nella luce, come egli è nella luce, abbiamo comunione gli uni con gli altri, e il sangue di Gesù Cristo, suo Figlio, ci purifica da ogni peccato."*

Quando la verità è in te camminerai naturalmente nella luce, perché vivrai della verità; diventerai giusto per la fede del tuo cuore ed uscendo dalle tenebre entrerai nella luce rinunciando al peccato. Al contrario, menti a Dio se vivi ancora nell'oscurità commettendo peccati e malvagità. Dovremmo tutti raggiungere rapidamente la fede accompagnata dalle opere.

Camminare nella luce

Dio ci comanda di lottare contro il peccato fino al sangue (Ebrei 12:4) perché vuole che noi siamo perfetti come Lui è perfetto (Matteo 5:48) e santi come Lui è santo (1 Pietro 1:16).

Al tempo del Vecchio Testamento le persone venivano salvate solo attraverso la perfezione delle loro opere; non dovevano rinunciare al peccato nei loro cuori, anche perché è impossibile per l'essere umano liberarsi da esso con le proprie forze.

Se tu avresti potuto liberarti da solo delle tue trasgressioni, Gesù non sarebbe diventato carne. Visto, però che non puoi risolvere da te la questione del peccato, tantomeno essere salvato con le tue abilità e le tue forze, Gesù è stato crocifisso e dona lo Spirito Santo a chiunque lo chiede, guidandolo alla salvezza, te compreso.

Sarai libero da ogni genere di malvagità per l'opera dello Spirito Santo, il quale una volta nel tuo cuore, ti renderà consapevole di peccato, giustizia, giudizio e partecipe della natura divina.

Perciò, non essere soddisfatto solo di aver accettato Gesù Cristo, ma prega ferventemente, rinuncia a ogni tipo di malvagità e cammina nella luce con l'aiuto del Suo Spirito, affinché anche tu possa prendere parte della natura divina.

L'unico modo di possedere il cielo è avere la fede spirituale accompagnata dalle opere, come troviamo scritto in Matteo 7:21: *"Non chiunque mi dice: 'Signore, Signore' entrerà nel regno dei cieli; ma chi fa la volontà del Padre mio che è nei cieli."* Devi anche sforzarti di raggiungere la misura della fede del Padre, perché le dimore celesti saranno determinate proprio dalla misura della fede di ognuno.

Spero che tu sia partecipe della natura divina e possieda la Nuova Gerusalemme, il luogo celeste in cui risiede il trono di Dio.

2. I violenti rapiranno il regno

Dio ci permette di mietere secondo ciò che seminiamo e ci ricompensa nel farlo, perché Egli è giusto. Questo è vero anche in cielo, dove ogni persona sarà ricompensata con una dimora secondo la sua misura di fede, la sua dedizione ed il servizio che ha svolto sulla terra per il regno divino. Il Signore, che sacrificò generosamente il Suo unico e solo Figlio per darci la vita eterna e il regno dei cieli, aspetta con impazienza che i Suoi figli Lo raggiungano per vivere eternamente con Lui nella migliore dimora dei cieli: la Nuova Gerusalemme.

Attraverso l'intera storia dell'umanità, in generale, una nazione era più forte di altre guerreggiava contro di esse per estendere il proprio territorio; questa conquista comportava l'invasione e la sconfitta delle terre in questione.

Nello stesso modo, se sei un figlio di Dio con la cittadinanza celeste, dovrai avanzare verso i cieli con una appassionata speranza perché sai bene cosa ti aspetta lassù. Alcuni possono chiedersi come appropriarsi del cielo, il regno dell'Iddio onnipotente. Per fare ciò, abbiamo bisogno di afferrare il significato spirituale del concetto che "il cielo subisce violenza" per poi "rapirlo" davvero con la forza.

Dai giorni di Giovanni Battista

In Matteo 11:12 Gesù dice: *"E dai giorni di Giovanni Battista fino ad ora, il regno dei cieli subisce violenza e i violenti lo rapiscono."* L'espressione "dai giorni di Giovanni Battista" fa riferimento ai giorni della Legge durante i quali le persone venivano alla salvezza attraverso le loro opere.

Il Vecchio Testamento è l'ombra del Nuovo: i profeti facevano conoscere Dio e profetizzavano a proposito del Messia. Dai giorni del Battista, è iniziata l'era del Nuovo Testamento, della Nuova Promessa, il compimento delle profezie del Vecchio Testamento.

Il nostro Salvatore Gesù si è presentato sul palcoscenico della storia dell'umanità non come un'ombra, ma per quello che era veramente. Giovanni Battista testimoniò di Gesù e della venuta in questo modo; da quel momento è cominciata l'era della grazia, nella quale chiunque può ricevere la salvezza accettando il Cristo come Salvatore e ricevere lo Spirito Santo.

Chiunque compie questo passo, ottiene il diritto di diventare figlio di Dio e di avere accesso al cielo. Il Signore ha suddiviso il cielo in differenti dimore che lascerà a ciascuno dei Suoi figli, secondo la propria misura della fede. E come già ho asserito altre volte in questo scritto ciò avviene perché l'Eterno è giusto e dona a ciascuno secondo ciò che ha compiuto. E' da precisare che soltanto chi è stato completamente santificato vivendo secondo la Parola e portando a termine la propria missione, può entrare nella Nuova Gerusalemme, dove risiede il trono di Dio.

Ecco perché anche tu dovresti sforzarti di ottenere la migliore abitazione all'interno del cielo; ormai abbiamo capito che l'ingresso nei luoghi celesti è ottenuto per fede, ma che si abiterà in dimore che variano secondo la misura della propria fede.

Dai giorni di Giovanni Battista alla Seconda Venuta del nostro Signore, chiunque avanza verso il cielo lo possederà. Gesù ci dice in Giovanni 14:6: *"Io sono la via, la verità e la vita; nessuno viene al Padre se non per mezzo di me."*

Il Signore dichiara che nessuno viene al Padre tranne che attraverso di Lui, perché Egli è la via che conduce al cielo, la verità in persona e la vita. Per questo venne nel mondo, e divenendo Egli stesso un esempio per noi, ci testimoniò del Padre in modo a noi comprensibile e ci insegnò come raggiungere il cielo.

Il regno dei cieli è suddiviso in differenti dimore, dove Dio e i Suoi figli redenti vivranno per sempre. Diversamente da questo mondo, quello dei cieli è il regno della pace senza cambiamenti né corruzione; è pieno di gioia e felicità, senza malattia, dolore, sofferenza, morte, perché il diavolo e il peccato non sono in questo luogo.

Anche se cerchiamo di immaginare il cielo, saremo completamente stupiti quando ne vedremo la bellezza e lo splendore. Quanto meravigliosamente sono stati formati i cieli, da Dio che ne è l'Eccelso Creatore, e dove i Suoi figli vivranno per sempre! Esaminando attentamente la Bibbia scoprirai che il cielo oltre molte dimore, è suddiviso in molti luoghi.

Gesù, in Giovanni 14:2: *"Nella casa del Padre mio ci sono molte dimore; se no, ve lo avrei detto; io vado a prepararvi un posto."* Anche Nehemia menziona alcuni "cieli": *"Tu solo sei l'Eterno! Tu hai fatto i cieli dei cieli dei cieli e tutto il loro esercito, la terra e tutto ciò che sta su di essa, i mari e tutto ciò che è in essi. Tu conservi in vita tutte queste cose, e l'esercito dei cieli ti adora"* (Neemia 9:6).

Nei tempi passati si pensava che ci fosse solamente un cielo, ma oggi, con lo sviluppo della scienza, sappiamo che esistono numerosi spazi oltre a quello che possiamo vedere a occhi nudi. Sorprendentemente, Dio aveva già dichiarato questo nella Bibbia.

Per esempio, Re Salomone confessò che ci sono molti cieli: *"Ma è proprio vero che DIO abita sulla terra? Ecco, i cieli e i cieli dei cieli non possono contenerti; tanto meno questo tempio che io ho costruito!"* (1 Re 8:27) L'apostolo Paolo confessò in 2 Corinzi 12:2-4 che era stato condotto in Paradiso, nel terzo cielo, e in Apocalisse 21, descrive la Nuova Gerusalemme dove siede il trono di Dio.

Il cielo, quindi, non consiste solamente di un unico luogo, ma di molte dimore. Classificherò il cielo nei diversi luoghi che sono assegnati secondo la misura della fede, e li chiamerò: Paradiso, Primo Regno, Secondo Regno, Terzo Regno e Nuova Gerusalemme. Il Paradiso è per coloro con una fede minima; il primo Regno è per coloro con una fede migliore di quella necessaria per il Paradiso; il Secondo Regno è per coloro con una fede migliore di quella necessaria per il Primo Regno; ed ovviamente, il terzo Regno è per coloro con una fede migliore di quella necessaria per il Secondo Regno. Nel terzo Regno si trova la Città Santa, la Nuova Gerusalemme, dove dimora il trono di Dio.

Il regno dei cieli viene conquistato da chi ha fede

In Corea ci sono isole come la Ul-lŭng e la Jeju, aree rurali e montuose, piccole e grandi città, aree metropolitane. Nella città capitale, Seoul, c'è la residenza ufficiale del presidente, Cheong Wa Dae.

Così come una nazione è divisa in molti distretti per amministrazione e propositi, anche il regno dei cieli è diviso in molti luoghi e dimore secondo uno standard severo. In altre parole, il luogo della tua abitazione celeste sarà determinato dalla tua fede e da come e in che misura vivi secondo il cuore di Dio.

Dio è molto compiaciuto quando viviamo con la speranza per il cielo, perché questo dimostra che abbiamo fede, non solo, quest'attitudine è la strada che conduce alla vittoria nella battaglia contro il nemico, Satana, e per santificarsi rinunciando rapidamente alle opere e ai desideri della carne.

Dopo aver accettato Gesù Cristo comprendi che è facile liberarsi delle opere della carne, ma non è altrettanto facile rifiutare i desideri di essa, gli attributi del peccato radicato in noi.

Ecco perché le persone che hanno la vera fede cercano costantemente di pregare e digiunare affinché possano diventare figli santi di Dio.

Ogni dimora celeste è determinata dall'operato individuale

di ciascuno qui in terra, perché il regno dei cieli in cui Dio
governa e lo fa con giustizia ed amore. In altre parole, le dimore
di chi è al primo livello della fede saranno diverse da quelle di
chi è al secondo o terzo livello di essa, e così via. Più alto è il tuo
livello di fede, più bello sarà il luogo della tua dimora gloriosa in
cielo.

Devi avanzare verso il cielo

Se dunque sei solamente idoneo per entrare in Paradiso, devi
lottare per avanzare nel Primo Regno e nelle migliori dimore
all'interno del cielo. Nell'avanzare verso cielo contro chi lotti? È
una battaglia in corso contro il diavolo, affinché tu possa
rimanere fermo nella fede in questo mondo e
contemporaneamente, avanzare verso le porte del cielo.

Il nemico, Satana, fa qualsiasi sforzo per condurre le persone
ad opporsi a Dio per impedire loro l'accesso al regno dei cieli; li
porta a dubitare perché non abbiano fede infine, li conduce alla
morte attraverso il peccato. Questi sono altri motivi per cui devi
sconfiggere il diavolo. Entrerai in un miglior luogo solo quando
assomiglierai a Dio, lotterai contro il peccato anche fino al punto
di spargere il tuo stesso sangue.

Prendiamo come esempio un pugile: sopporta ogni genere di
addestramento pur di diventare campione del mondo. Egli sa che
solo passando per un allenamento duro e rigorosissimo potrà
diventare un campione mondiale, per poi goderne l'onore, la
ricchezza e la prosperità. Per vincere l'ambito titolo di campione
del mondo, dovrà prepararsi, lottare contro se stesso e il dolore
che sentirà.

Lo stesso concetto vale per avanzare verso il cielo e prenderne possesso: bisogna combattere per essere santificati gettando via ogni malvagità e portare a termine il proprio dovere determinato da Dio. Dobbiamo vincere la battaglia spirituale per possedere il cielo, pregando ferventemente anche se Satana, senza tregua, ci ostacola.

Bisogna sapere che la lotta contro il diavolo, non è poi così dura: chiunque abbia fede è in grado di vincere, perché Dio lo aiuta e lo conduce con l'esercito celeste, gli angeli e lo Spirito Santo.

Noi dovremmo possedere il cielo avanzando e guadagnandoci la vittoria con fede. Dopo aver vinto ed essere diventato campione, il pugile deve sforzarsi per mantenere il titolo. La battaglia per entrare in cielo però, è gioiosa e piacevole perché più guadagni vittorie, più leggero diventa il peso del peccato. Ad ogni conquista, sarai sempre più contento e la battaglia diverrà di giorno in giorno più facile, perché tutto inizierà ad andare bene e godrai di buona salute così come anche la tua anima prospererà.

Un pugile che diventa campione del mondo riceve onore, ricchezza e prosperità, tutte realtà che svaniranno alla sua morte. Per noi, invece, la gloria e le benedizioni che riceviamo dopo la battaglia per avanzare verso il cielo, durano per sempre.

Per quale altro motivo dovresti cercare di fare del tuo meglio e combattere? Sii dunque una persona saggia che "guadagna" la migliore dimora celeste, avanzando con tenacia alla ricerca di ciò che è eterno e non terreno.

Avanzare verso il cielo per fede

Gesù spiega il cielo, attraverso le parabole, che rappresentano elementi e situazioni terreni, in modo che tutti possano capire meglio le realtà celesti. Una di queste è la parabola del granello di senape.

> *Egli propose loro un'altra parabola, dicendo: "Il regno dei cieli è simile a un granello di senape che un uomo prende e semina nel suo campo. Esso è certamente il più piccolo di tutti i semi, ma una volta cresciuto è il più grande di tutte le erbe e diventa un albero, tanto che gli uccelli del cielo vengono a ripararsi tra i suoi rami"* (Matteo 13:31-32).

Quando sfiori un pezzo di carta con una penna a sfera restano sul foglio macchie molto piccole; questa è più o meno la grandezza di un seme di senape, il quale crescerà fino a diventare un grande albero, dove gli uccelli si potranno riposare. Gesù usa questa parabola per mostrare il processo della crescita della fede: anche se ora hai una piccola fede, puoi coltivarla fino a farla diventare grande.

Gesù, in Matteo 17:20 ci dice: *"Io vi dico in verità che, se avete fede quanto un granel di senape, direte a questo monte: "spostati da qui a là" ed esso si sposterà; e niente vi sarà impossibile."* In Luca 17:6 alla richiesta dei Suoi discepoli che Gli chiesero *"Accresci in noi la fede,"* Gesù rispose: *"Se aveste tanta fede quanto un granel di senape, potreste dire a questo gelso: 'sradicati e trapiantati in mare' ed esso vi ubbidirebbe."*

Forse ti meravigli del fatto che puoi comandare ad un albero o ad una montagna di spostarsi, pur avendo una fede grande quanto un minuscolo granello di senape; sappi che nella parola di Dio, niente, nemmeno la più piccola lettera o il minimo segno di penna potrà mai passare o scomparire.

Qual è dunque il significato spirituale di questi versi? Quando accettiamo Gesù e riceviamo lo Spirito Santo, ci viene data una fede piccola come un seme di senape. Una volta piantata nel terreno del cuore, essa germoglierà e crescerà; quando comincia a diventare grande, allora potremo spostare una montagna semplicemente ordinandoglielo, e manifestare le opere potenti di Dio, come restituire la vista ai ciechi, l'udito ai sordi, la parola ai muti e la vita ai morti.

E' sbagliato pensare di non avere fede perché non abbiamo ancora visto la dimostrazione della potenza di Dio, o perché ci sono al momento problemi in famiglia o negli affari. Cammini sulla via della vita eterna frequentando la chiesa, lodando e pregando, ma non puoi esperimentare ancora le potenti opere di Dio solo perché la misura della tua fede è ancora piccola.

Se interri un seme d'uva e poi lo coltivi, quello germoglia, fiorisce e produce la sua frutta; pensa che la fede cresce attraverso un simile processo. Essa poi aumenterà tanto da diventare la grande fede che può spostare la montagna.

Occorre possedere la fede spirituale

E' così che si avanza verso il regno dei cieli. Non si può pensare di entrare nella Nuova Gerusalemme solamente dicendo "Sì, io credo;" bisogna prenderne possesso passo dopo passo, cominciando dal Paradiso fino ad arrivare alla Nuova Gerusalemme. Per dimorare in questa città celeste, chiaramente, bisogna sapere come arrivarci; ma non conoscendone la via o il modo, nonostante i molti sforzi non si potrà né raggiungere né dimorare in essa.

Gli israeliti che uscirono dall'Egitto mormorarono contro Mosè e si lamentarono perché non avevano abbastanza fede per vedere le acque Mar Rosso dividersi. Allora il loro condottiero, che aveva la fede grande anche per spostare una montagna, lo separò in due blocchi di acqua. Ciononostante, la fede degli israeliti finì subito dopo essere stati testimoni di questo prodigio.

Fabbricarono l'immagine d'oro di un vitello e Mosè iniziò a preoccuparsi mentre stava digiunando e pregando sul monte Sinai per ricevere i Dieci Comandamenti (Esodo 32). A questo punto, Dio si adirò e gli disse *"Lasciami fare, affinché la mia ira si accenda contro di loro e li consumi; ma di te io farò una grande nazione"* (v. 10). Il popolo, pur avendo visto molti prodigi e segni, manifestati attraverso Mosè, non aveva ancora la fede spirituale per ubbidire a Dio.

Alla fine, questa prima generazione di Israele uscita dall'Egitto non poté entrare in Canaan, fatta eccezione per Giosuè e Caleb. Come era la seconda generazione dell'Esodo, con loro due? Appena i sacerdoti che trasportavano l'Arca di Dio misero piede nelle acque del fiume Giordano, alla parola di Giosuè l'acqua terminò di fluire e tutto Israele lo attraversò.

In obbedienza al comando divino il popolo marciò intorno a Gerico per sette giorni e gridò forte; così l'inespugnabile città crollò. Questi israeliti esperimentarono l'opera meravigliosa della potenza di Dio non perché avevano dei poteri naturali, ma perché seguirono la loro guida, che aveva una fede abbastanza grande da spostare se necessario una montagna. Da quel momento essi raggiunsero anche la fede spirituale.

Come faceva Giosuè a possedere una fede così forte e grande? Egli ereditò esperienza e fede da Mosè, con il quale aveva vissuto quarant'anni nel deserto. Così come Eliseo ereditò la doppia porzione dello spirito di Elia seguendolo fino alla fine, Giosuè, riconosciuto da Dio come successore di Mosè, divenne un uomo dalla grande fede servendolo e rispettandolo mentre era con lui. Di conseguenza, egli compì potenti opere, una delle quali fu quella di fermare il sole e la luna (Giosuè 10:12-13).

La prima generazione dell'Esodo, formata da persone che dovevano avere all'incirca 20 anni o più, soffrì per quattro decadi e morì nel deserto. Eppure i loro discendenti, che seguirono Giosuè, entrarono in Canaan perché avevano finalmente raggiunto la fede spirituale attraverso le varie prove e sofferenze.

Occorre comprendere chiaramente cosa sia la fede spirituale. Alcuni cristiani dicono che una volta, in passato, possedevano una fede molto buona e riuscivano ad essere servitori devoti nella loro chiesa, ma ora non sono più costanti perché la loro fede, in qualche modo, si è affievolita. Questa affermazione non può essere considerata valida, perché questa virtù spirituale non cambia mai. Quella del passato è cambiata, affievolita, perché non era spirituale, ma mera conoscenza. Se fosse stata vera e spirituale, nel tempo non sarebbe mutata e nemmeno smorzata.

Supponiamo che mostrandoti un fazzoletto bianco, ti chiedessi se esso è bianco. Per certo risponderesti affermativamente. Dopo dieci anni ti mostro lo stesso fazzoletto dicendo "Questo è un fazzoletto bianco. Ci credi?" Come mi risponderesti? Nessuno sarebbe scettico riguardo al suo colore; nessuno direbbe che è nero neanche col passare di un tempo così lungo. Se venti anni fa credevo che un fazzoletto bianco fosse bianco, ancora oggi, anche se un po' sbiadito, sarà sempre dello stesso colore nonostante il passare del tempo.

Ecco un'altra parabola. Se fai un viaggio nella Terra Santa, vedrai che si vendono semi di senape in bustine. Un giorno, un uomo comprò dei semi di senape e successivamente li seminò nel suo terreno, ma non germogliarono; la linfa vitale dei semi morì perché erano stati piantati troppo tardi.

Similmente, anche se hai accettato Gesù Cristo e ricevuto lo Spirito Santo ma la tua fede è piccola come un granello di senape, lo stesso Spirito in te si può affievolire se fai passare molto tempo prima di seminare la fede nel campo del tuo cuore. Ecco perché 1 Tessalonicesi 5:19 ci avverte dicendo *"Non spegnete lo Spirito."* La tua fede, se pur piccola, gradualmente crescerà quando la semini nel campo del tuo cuore e la metti in pratica. Se però, dal momento che ricevi lo Spirito Santo, non vivi secondo la parola di Dio, il fuoco dello Spirito si può spegnere.

Prendere possesso del cielo con la fede spirituale

Se dunque hai accettato Gesù Cristo e ricevuto lo Spirito Santo, devi vivere dalla parola di Dio. In obbedienza ad Essa, devi gettare il peccato e pregare, lodare, stare in comunione con i fratelli e le sorelle nel Signore, diffondere il vangelo e amare il prossimo. Nel coltivare la tua fede vedrai la crescita. Per esempio, mantenendo la comunione con i credenti, la tua stessa fede crescerà perché glorificherai il Signore condividendo testimonianze e mantenendo conversazioni sulla verità.

Potrai notare che la fede personale è influenzata da quella delle persone con cui si ha comunione. Se dei genitori hanno una buona fede, è probabile che anche i loro figli la abbiano; se i tuoi amici hanno una buona fede, anche la tua crescerà perché assomiglierà alla loro.

Al contrario, dal momento che Satana cerca di portartela via, oltre ad essere sempre armato con la parola di Dio, dovresti pregare per vincere le battaglie spirituali con gioia e ringraziando il Signore del continuo in ogni circostanza, con la potenza e l'autorità divine.

Allora la tua fede, ora piccola come un granello di senape, comincerà ad essere un grande albero pieno di foglie e fiori che alla fine porterà molti frutti. Così potrai glorificare Dio producendo in abbondanza i nove frutti dello Spirito Santo, dell'amore spirituale e della luce.

Sappiamo quanta fatica faccia e quanta pazienza abbia un coltivatore, dal tempo in cui semina alla stagione della raccolta. Allo stesso modo, noi non possiamo possedere il cielo solamente per aver frequentato una chiesa, ma abbiamo bisogno di sforzarci e di lottare spiritualmente per farlo nostro.

Quando evangelizzi potresti incontrare persone che prima vorrebbero fare tanti soldi e godersi la vita, e solo più tardi, quando saranno ormai anziani si dedicheranno alla chiesa. Che comportamento da stolti! Nessuno sa quello che accadrà domani né quando ritornerà il Signore.

Inoltre, non si può raggiungere la fede in un giorno e tanto meno farla crescere in breve; nel contempo, si può avere la fede come conoscenza tanto quanto se ne desidera. La fede spirituale data da Dio si ottiene solamente realizzando la Sua parola e vivendo ardentemente da essa.

Un coltivatore prima di tutto coltiva il suolo arido rendendolo fertile, poi vi semina avendo cura di quei semi annaffiando e fertilizzando il terreno. Solo successivamente cresceranno le piante e ci sarà un raccolto abbondante. Similmente, anche se la tua fede è piccola come un granello di senape, devi seminarla e coltivarla così da vederla crescere fino a diventare un grande albero sul quale molti uccelli potranno riposare.

Nella parabola del seminatore, in Matteo 13:1-9, "gli uccelli" rappresentano il diavolo che divora i semi della Parola di Dio caduti lungo la strada.

D'altro canto però, in Matteo 13:31-32, "gli uccelli" rappresentano le persone: *"Il regno dei cieli è simile a un granello di senape che un uomo prende e semina nel suo campo. Esso è certamente il più piccolo di tutti i semi, ma una volta cresciuto è il più grande di tutte le erbe e diventa un albero, tanto che gli uccelli del cielo vengono a ripararsi tra i suoi rami."*

Così, come molti uccelli si riparano e trovano riposo su un grande albero, quando la tua fede cresce fino alla misura completa, molte persone troveranno riposo spirituale in te, perché potrai condividere la tua fede e fortificare gli altri con la grazia di Dio.

E ancora, più sei santificato più possiedi amore spirituale e virtù, più abbraccerai teneramente le persone, e questa è la strada per avanzare con forza verso cielo.

In Matteo 5:5 Gesù dice: *"Beati i mansueti, perché essi erediteranno la terra."* Questo passaggio ci insegna che più la nostra fede cresce, più diventiamo mansueti e più grande sarà la dimora celeste che erediteremo.

La diversità di gloria celeste secondo il livello della fede

L'apostolo Paolo spiega in relazione ai nostri corpi resuscitati, in 1 Corinzi 15:41, dicendo *"Altro è lo splendore del sole, altro lo splendore della luna ed altro lo splendore delle stelle, perché una stella differisce da un'altra stella in splendore."* So di ripetermi, ma desidero ribadire che ognuno riceverà una misura diversa di gloria in cielo perché Dio ricompensa ognuno secondo il suo operato qui sulla terra.

Esaminiamo le espressioni citate da Paolo: "lo splendore del sole," si riferisce alla gloria di coloro che sono stati santificati completamente ed hanno vissuto fedeli nella casa di Dio; "lo splendore della luna," fa capo alla gloria di chi ha una fede minore di quella comparata al sole; "lo splendore delle stelle," si riferisce ovviamente alla gloria di coloro che hanno la fede più debole di tutti.

La frase "una stella differisce da un'altra stella in splendore," ci fa intendere che come ogni stella ha una sua determinata intensità di splendore, ognuno di noi, dopo la resurrezione,

riceverà ricompense e dimore celesti diverse, anche se tutti
staremo nel regno dei cieli.

In questo modo la Bibbia attesta che quando entreremo nel
cielo, dopo la nostra resurrezione, ciascuno di noi avrà una gloria
personale e che le nostre dimore e ricompense celesti saranno
diverse secondo la misura della nostra fede spirituale, avendo
rigettato il peccato e essendo stati fedeli verso il regno di Dio
mentre eravamo ancora vivi in questo mondo.

Comunque, persone malvagie e pigre nel rinunciare al
peccato e non fedeli al proprio dovere, non potranno entrare nel
cielo, ma saranno gettati nell'oscurità (Matteo 25). E' dunque
questo è il tempo per iniziare ad avanzare con forza e fede verso il
meraviglioso regno dei cieli.

Come avanzare verso il cielo

Si passa per lo più la vita intera a guadagnare ricchezze che
non sarà possibile possedere in eterno; alcuni lavorano sodo e
stringono la cinta per acquistare una casa, altri studiano tanto
sacrificando il loro sonno, per conquistare in seguito buone
posizioni lavorative. Ora, se le persone fanno del loro meglio per
avere una vita migliore qui sulla terra, che dura solamente un
breve tempo, quanto più noi dovremmo sforzarci per costituire
la nostra vita eterna in cielo? Esaminiamo in dettaglio come
possiamo avanzare verso i luoghi celesti.

Prima di tutto, bisogna ubbidire alla Parola di Dio. Il Signore
stesso ci esorta a continuare nell'adoperarci per il compimento
della nostra salvezza con timore e tremore (Filippesi 2:12),
mentre Satana aspetta altro che trovarci impreparati per rubare la

fede che è in noi. Consideriamo dunque la parola di Dio *"più dolce del miele, quello che stilla dai favi"* (Salmo 19:10) e dimoriamo in essa. Non saremo salvati solo perché chiamiamo Gesù "Signore, Signore!", ma perché agiamo in accordo alla volontà divina con l'aiuto dello Spirito Santo.

Secondo, dobbiamo essere rivestiti della completa armatura di Dio, per essere forti in Lui, nella Sua potenza mantenendo ferma la nostra posizione contro gli schemi del diavolo. La nostra lotta non è contro carne e sangue, ma contro i principati, le potestà, i dominatori di questo mondo di tenebre e contro gli spiriti malvagi nei luoghi celesti. Ecco perché solamente indossando la completa armatura di Dio riusciremo a resistere quando il giorno malvagio verrà, e potremo stare ancora in piedi dopo aver compiuto ogni cosa (Efesi 6:10-13).

Perciò, stiamo saldi avendo la cintura della verità ben allacciata ai fianchi, la corazza della giustizia al suo posto e la prontezza dell'evangelo della pace che calza bene i nostri piedi. Oltre a tutto questo, prendiamo lo scudo della fede col quale possiamo spegnere tutte le frecce infuocate che ci lancia contro il nemico; poi, prendiamo anche l'elmo della salvezza e la spada dello Spirito, che è la parola di Dio. Preghiamo nello Spirito in ogni occasione, per qualunque genere di preghiera e richiesta. Con questo in mente, siamo vigili e preghiamo del continuo (Efesi 6:14-18). La nostra dimora celeste sarà determinata da quanto indossiamo la completa armatura di Dio e sconfiggiamo il diavolo.

Terzo, dobbiamo avere sempre l'amore spirituale. Con la fede possiamo entrare in cielo e con la speranza di esso, possiamo dimorare nella verità. La potenza dell'amore, ci permetterà di essere santi e fedeli in tutti i nostri doveri.

Quando saremo completi nell'amore perfetto, entreremo nella Nuova Gerusalemme, il luogo più meraviglioso del cielo, dove è Dio, il perfetto amore.

Come l'apostolo Paolo dice in 1 Corinzi 13:13, *"Ora dunque queste tre cose rimangono: fede, speranza e amore; ma la più grande di esse è l'amore,"* dobbiamo avanzare verso il cielo con l'amore spirituale, perché le dimore celesti sono determinate anche da quanto siamo completi in esso.

3. Diverse dimore e diverse recompense

Sulla terra, il mondo tridimensionale, non possiamo conoscere il cielo, che fa parte di quello quadrimensionale. Essendo uomini e donne di fede, però, siamo pieni di emozione e gioia anche al solo suono della parola "cielo," perché qui è la nostra casa, dove dimoreremo per sempre. Se studiamo dettagliatamente il regno dei cieli, non solo la nostra anima prospererà, ma la fede in noi crescerà ancor più velocemente perché saremo pieni della sua speranza.

Nel cielo ci sono molte dimore che Dio ha preparato per i Suoi figli (Deuteronomio 10:14; 1 Re 8:27; Neemia 9:6; Salmo 148:4; Giovanni 14:2). Ognuno di noi riceverà una dimora secondo la misura della propria fede e, siccome Dio è giusto, ci permetterà di raccogliere secondo quanto abbiamo seminato (Galati 6:7) e ci ricompenserà in base a quello che abbiamo fatto (Matteo 16:27; Apocalisse 2:23).

Come già menzionato, il regno dei cieli è suddiviso in diversi luoghi – il Paradiso, il Primo Regno, il Secondo Regno e il terzo Regno, dove c'è la Nuova Gerusalemme. Il trono di Dio è posto in essa, così come la residenza ufficiale del presidente della Corea, al momento Cheong Wa Dae, è nella capitale, Seoul, e la residenza ufficiale del presidente degli Stati Uniti, la Casa Bianca, è situata nella capitale americana, Washington D.C. La Bibbia ci parla anche di diversi tipi di corone che saranno date come ricompensa per i figli di Dio. Fra i molti, portare anime a Dio e edificare il Suo santuario, sono due scopi degni delle più grandi ricompense.

Ci sono molti modi di condurre altri alla salvezza: partecipare ad un'evangelizzazione, sostenere questo tipo di attività donando qualsiasi tipo di offerta, oppure, evangelizzare lavorando fedelmente per il regno di Dio con i vari talenti che si hanno. Anche i modi indiretti di evangelizzazione possono portare frutto e sono dunque importanti per l'avanzamento del regno di Dio, così come ogni parte del corpo è indispensabile.

Ciononostante, la partecipazione diretta nell'evangelizzazione e nell'edificazione del santuario di Dio, dove le persone possono ritrovarsi insieme per adorare, meritano le più grandi ricompense perché questo corrisponde ad alleviare la sete di Gesù e ripagarLo per il Suo sangue.

Ci sono diversi livelli a seconda dei quali si guadagna una corona in cielo, e il grado della loro preziosità differisce da una corona all'altra. Da questa, si potrà riconoscere la misura della santificazione, del premio e della dimora celeste proprio come durante il tempo della monarchia si poteva riconoscere lo stato sociale delle persone da come erano vestite.

Ora scaviamo più in profondità riguardo la relazione tra la misura della fede, le dimore celesti e le corone della ricompensa.

Il Paradiso è per le persone che sono al primo livello della fede

Paradiso è il luogo più basso del cielo eppure, rispetto a questo mondo, è gioioso, felice, bello e pacifico al di là di ogni immaginazione e anche di più. E' estremamente beato perché qui non esiste peccato e di gran lunga migliore al Giardino dell'Eden, dove Dio pose Adamo ed Eva dopo averli formati.

Il Paradiso è il luogo, dove il Fiume di Vita che proviene dal trono di Dio fluisce dopo avere bagnato il Terzo, il Secondo ed il Primo Regno. In entrambi i lati del fiume è posto l'albero della Vita, che produce dodici frutti e che porta il suo frutto ogni mese (Apocalisse 22:2).

Il Paradiso è per coloro che hanno accettato Gesù Cristo ma non hanno compiuto alcuna opera di fede, ovvero le persone al primo livello della fede. Chi ha solamente ricevuto la salvezza e lo Spirito Santo entrerà in questo luogo, senza ricevere corona o premio alcuno, perché non ha dimostrato nemmeno una opera della fede.

In Luca 23:43 troviamo scritto che sulla croce Gesù disse a uno dei due ladroni che gli stavano accanto *"In verità ti dico: oggi tu sarai con me in paradiso,"* ma ciò non significa necessariamente che Gesù dimora in Paradiso; infatti Egli è dappertutto nel cielo, perché ne è il Padrone. Nella Bibbia leggiamo anche che dopo la Sua morte, si recò nella tomba e non in Paradiso.

Efesi 4:9 fa questa domanda, *"Or questo: 'È salito' che cosa vuol dire se non che prima era pure disceso nelle parti più basse della terra?"*; anche in 1 Pietro 3:18-19 leggiamo *"Perché anche Cristo ha sofferto una volta per i peccati, il giusto per gl'ingiusti, per condurci a Dio. Fu messo a morte nella carne, ma vivificato dallo Spirito, quale egli andò anche a predicare agli spiriti che erano in carcere."* In altre parole, Gesù andò nella tomba a predicare il vangelo e poi il terzo giorno risuscitò.

Per questo Gesù ha detto *"Oggi tu sarai con me in paradiso,"* prevedendo che il malfattore sarebbe stato salvato e sarebbe arrivato in Paradiso. Avendo appena ricevuto la salvezza, l'uomo andò in Paradiso per avere accettato Gesù poco prima della sua morte, senza dover fare alcuno sforzo per lottare contro il peccato o adempiere al suo dovere per il regno di Dio.

Il Primo Regno dei cieli

Che genere di luogo è il Primo Regno dei cieli? Esattamente come c'è una grande differenza di vita tra il Paradiso e questo mondo, così il Primo Regno dei cieli è un luogo incomparabilmente più felice e gioioso del Paradiso.

Se la felicità di chi arriva nel Primo Regno fosse comparata a quella di un pesce rosso in un acquario, la felicità di chi è arrivato al Secondo Regno può essere paragonata a quella di una balena nell'immenso Oceano Pacifico. Così come un pesce rosso vive comodo e felice in un acquario, i credenti che arrivano nel Primo Regno saranno soddisfatti di stare là e godranno di vera felicità.

Ora, sappiamo che ci sono differenze nella misura di felicità tra un luogo celeste e l'altro: possiamo immaginare che vita gloriosa avranno coloro che dimoreranno nella Nuova Gerusalemme, dove risiede il trono di Dio? Sarà splendente, bella ed incredibile oltre qualsiasi immaginazione. Ecco perché dovremmo accrescere la fede sperando diligentemente per la Nuova Gerusalemme, senza accontentarci di raggiungere solamente il Paradiso o il Primo Regno.

Se diventi un figlio di Dio accettando Gesù Cristo come tuo Salvatore, con l'aiuto dello Spirito Santo, potrai presto giungere al secondo livello della fede, dove cercherai di vivere dalla parola di Dio imparandola e sforzandoti di mantenerla anche se non sei ancora perfetto nel viverla.

E' come se si trattasse di un bambino di quasi un anno che cerca di stare in piedi nonostante le ripetute cadute. Dopo averci provato molte volte, riuscirà nella sua impresa, inizierà a fare i primi passi e presto potrà anche correre. Agli occhi di una madre, quanto è adorabile e amabile il suo bambino nel vederlo crescere in tale modo?

Lo stesso vale per il livello della fede: così come il bambino cerca di stare in piedi, camminare e poi correre perché è vivo, anche la fede, che è viva, avanza per raggiungere il secondo livello della fede, e poi il terzo. Così, Dio dà il Primo Regno a coloro che si trovano al secondo livello della fede perché anche loro sono da Lui amati.

Una corona eterna

Nel Primo Regno dei cieli si riceverà una corona. Ci sono

differenti tipi di corone nel cielo, a seconda della divisione dei molti luoghi: la corona eterna, della gloria, della vita, quella d'oro e la corona della giustizia. Fra queste, la corona eterna è quella che verrà data a chi entra nel Primo Regno.

In 2 Timoteo 2:5-6 leggiamo *"Similmente, se uno compete nelle gare atletiche, riceve la corona unicamente se ha lottato secondo le regole. L'agricoltore, che lavora duramente, deve essere il primo a goderne i frutti."* Così, come riceviamo la ricompensa per il nostro lavoro qui sulla terra, noi riceveremo una ricompensa perché camminiamo per la via stretta che porta al cielo.

Un atleta riceve una medaglia d'oro o una corona d'alloro solamente quando ha gareggiato secondo le regole ed ha vinto. Allo stesso modo, anche tu potrai ricevere una corona solo quando "gareggi" secondo la parola di Dio e avanzi con forza verso il cielo.

Gesù disse: *"Non chiunque mi dice: 'Signore, Signore' entrerà nel regno dei cieli; ma chi fa la volontà del Padre mio che è nei cieli"* (Matteo 7:21). Anche se qualcuno dichiara di credere in Dio ma ignora la legge spirituale, cioè quella divina, non riceverà alcuna corona perché la sua fede è solo conoscenza, paragonabile ad un atleta che non gareggia secondo le regole.

Comunque, finché cercherai di competere nella corsa secondo le regole di Dio, nonostante la tua debole fede, riceverai la corona eterna perché sarai considerato come qualcuno che ha corso la gara secondo le regole.

La corsa della persona di fede è una lotta spirituale contro il diavolo e il peccato, e il premio per chi vince la corsa superando il diavolo è la corona eterna.

Supponiamo che la domenica tu vada solamente al culto della mattina e passi il pomeriggio con i tuoi amici, in questo caso non potrai ricevere neanche la corona eterna perché hai già perso la battaglia contro il diavolo.

1 Corinzi 9:25 dice quanto segue: *"Ora, chiunque compete nelle gare si auto-controlla in ogni cosa; e quei tali fanno ciò per ricevere una corona corruttibile, ma noi dobbiamo farlo per riceverne una incorruttibile."*

Chiunque compete in una gara fa un addestramento duro e rispetta le regole; per arrivare in cielo, anche noi dovremmo addestrarci duramente e dovremmo vivere secondo la volontà di Dio. Possiamo comprendere quanto Egli abbondi nell'amore, sapendo che prepara una corona eterna per coloro che vivono secondo la Sua legge in questo mondo, e che non dimentica l'impegno e gli sforzi dimostrati nel servirLo!

Inoltre, diversamente dal Paradiso, ci sono ricompense preparate per coloro che giungono nel Primo Regno: a tali persone saranno date veri e propri riconoscimenti e gloria perché, nel nome del Signore, si sono affaticati per il regno di Dio.

Il Secondo Regno dei cieli

Il Secondo Regno dei cieli è ad un livello più alto del primo ed è per le persone che si trovano al terzo livello della fede, coloro cioè che vivono dalla parola di Dio. Intorno alla capitale coreana, Seoul, ci sono città satellite a loro volta attorniate da zone periferiche.

Allo stesso modo, in cielo, la Nuova Gerusalemme è

localizzata al centro del Terzo Regno circondato dal Secondo, che a sua volta lo è dal Primo, che è circondato dal Paradiso. Ovviamente con questo non voglio dire che le dimore celesti sono sparse nel cielo come lo sono qui in terra le nostre città. Con la limitata conoscenza umana non possiamo capire correttamente in che modo meraviglioso e misterioso sia distribuito il cielo; bisogna cercare di capirlo il più possibile, ma nonostante tutto,non si potrà mai comprenderlo esattamente dipingendolo col pensiero e l'immaginazione. Il cielo viene compreso in proporzione alla crescita della fede, perché non può essere spiegato con realtà e paragoni di questo mondo.

Il Re Salomone, che fu grandemente ricco, potente e prospero, negli anni della sua vecchiaia si lamentò dicendo: "Vanità delle vanità," dice il Predicatore, *"Vanità delle vanità; tutto è vanità, Che vantaggio ha l'uomo da tutta la sua fatica in cui si affatica sotto il sole?"* (Ecclesiaste 1:2-3)

In Giacomo 4:14 ci viene anche ricordato *"Non sapete ciò che accadrà l'indomani. Cos'è infatti la vostra vita? In verità essa è un vapore che appare per un po' di tempo, e poi svanisce."* La grande ricchezza e la prosperità di questo mondo durano solamente per un tempo e poi, presto, periscono.

Paragonata alla vita eterna, la vita che noi viviamo oggi è solo come la nebbia che appare per un momento e poi svanisce, ma la corona che Dio dà è eterna ed incorruttibile; un premio così prezioso e di tale valore sarà una fonte eterna di vanto.

Quanto sarà insignificante la vita che non dà gloria a Dio, anche quando si professa la fede in Lui! Ma se una persona è al terzo livello della fede, perché agisce in cosa con sincerità, spesso sentirà i suoi vicini di casa dire "Dopo aver conosciuto te, vorrei anch'io iniziare a frequentare una chiesa!"

In questo modo il Signore viene glorificato, ed ecco perché ricompensa una tale persona con la corona della gloria.

La corona della gloria

In 1 Pietro 5:2-4 leggiamo la carica di Dio per noi

Pascete il gregge di Dio che è fra voi, sorvegliandolo non per forza, ma volentieri, non per avidità di guadagno ma di buona volontà, e non come signoreggiando su coloro che vi sono affidati, ma essendo i modelli del gregge. E quando apparirà il sommo pastore, riceverete la corona della gloria che non appassisce.

Se entri nel terzo livello della fede emanerai l'aroma di Cristo perché, avendo rigettato i tuoi peccati e resistito contro di essi fino al punto di dare te stesso, il tuo modo di parlare e di comportarti è diventato luce e sale del mondo. Quando una persona incline alle arrabbiature ed a parlare contro gli altri facilmente, dopo aver conosciuto Cristo, diventa mite e parla solamente bene di altri, i suoi vicini di casa o lavoro diranno "Che enorme cambiamento da quando è diventato cristiano!" Con questo comportamento Dio viene glorificato e a tale persona sarà data l'incorruttibile corona della gloria per il buon esempio dato al gregge. Con il suo comportamento, infatti, ha glorificato il Signore rinunciando diligentemente ai suoi peccati ed è stato fedele al compito determinato da Dio per la sua vita in questo mondo. Ciò che abbiamo fatto nel nome del Signore, compiendo il nostro dovere e rinunciando ai nostri peccati, ci sarà riconosciuto in cielo e ricompensato con un premio.

La gloria di questo mondo perirà, ma tutta la gloria che diamo al Signore non si affievolirà mai, ci sarà riconsegnata sotto forma di incorruttibile corona della gloria.

Potresti chiederti: "La persona che ha l'atteggiamento simile a quello di Dio perché Gli è molto fedele nella Sua opera, dovrebbe essere perfetta in ogni aspetto. Perché invece c'è ancora malvagità nella sua vita?"

Ciò significa che non è ancora completamente santificata, ma lotta contro il peccato e rende gloria a Dio facendo il meglio per compiere il suo dovere. Questo è il motivo per cui riceverà la corona della gloria che non svanirà mai.

Perché è stato chiamata "corona della gloria?" Tutti noi abbiamo ricevuto un premio, almeno una volta o due volte nella vita: più grande e importante era il premio, più felici e orgogliosi siamo stati noi. Ciononostante, guardando indietro nel tempo, inizieremo a comprendere che la gloria di questo mondo non ha valore, perché in seguito quel certificato di merito ci sembrerà solamente un pezzo di carta logorata, un trofeo impolverato, e la sua memoria, una volta così vivida, diventerà sempre più lontana e debole.

Al contrario, la gloria che riceveremo in cielo non cambierà mai. Ecco perché Gesù dice *"Fatevi tesori in cielo, dove né tignola né ruggine consumano, e dove i ladri non sfondano e non rubano"* (Matteo 6:20).

La corona della gloria, paragonata a quelle terrene, ci mostra che la sua gloria e il suo splendore dureranno in eterno.

Considerando, inoltre, che anche una semplice corona del cielo è eterna, immaginate il resto!

Come si sentiranno gli abitanti dei luoghi più bassi del cielo – il Paradiso o il primo Regno – quando chi porta la corona della gloria li visiterà? In cielo, le persone che dimorano nei luoghi più bassi, onorano e ammirano dal profondo del cuore chi vive nelle posizioni più alte, tanto che quando le incontrano si inchinano davanti a loro e talvolta non gli rivolgono nemmeno lo sguardo, proprio come succede quando i sudditi sono davanti al re.

Ciononostante, non c'è alcun odio, gelosia o invidia, perché in cielo non esiste la malvagità. Piuttosto, c'è riguardo, rispetto e amore. In cielo non ci si sente né scomodi né orgogliosi, a prescindere che uno sia riverito o no; si dimostra semplicemente amorevole rispetto agli altri, ci si apprezza a vicenda come esseri preziosi.

Il Terzo Regno dei cieli

Il terzo Regno dei cieli è per coloro che vivono completamente dalla parola di Dio; persone che hanno la fede dei martiri perché considerano la propria vita nulla, amano Dio al massimo. Le persone al quarto livello della fede, infatti, sono pronte a morire per il Signore versando il loro sangue.

In Corea molti cristiani furono uccisi durante gli ultimi giorni della dinastia Chosun. In quel periodo ci fu una grande persecuzione contro il cristianesimo e il governo promise anche delle ricompense a chi avesse riferito dove trovare i cristiani. Ciononostante, i missionari dagli Stati Uniti e dall'Europa non hanno avuto paura della morte, ma hanno continuato a diffondere più ardentemente il vangelo, dando la loro vita affinché il vangelo fiorisse come sta accadendo oggi davanti ai nostri occhi.

Perciò, se vuoi essere missionario, ti consiglio di avere la fede dei martiri, che pur soffrendo e faticando per il difficile lavoro svolto in una nazione straniera, professano con gioia e ringraziamento l'amore di Dio perché sanno che le loro sofferenze e il loro dolore saranno ricompensati riccamente in cielo.

Alcuni potrebbero pensare "Io vivo in una nazione dove non c'è persecuzione, ma la libertà di religione e mi sento malissimo al pensiero di non poter morire per il regno di Dio anche se ho la fede dei martiri, quella che non ha paura della morte." Non è un discorso valido questo, perché oggi non c'è la necessità di morire come i martiri per diffondere il vangelo, cosa che invece era richiesta ai credenti nei giorni della chiesa primitiva.

Chiaramente, se necessario dovrebbero esserci sempre dei martiri. Ma se il servizio a Dio può fruttare di più attraverso la fede per una vita di sacrificio, non sarebbe meglio per te continuare a vivere piuttosto che morire come martire?

Inoltre, Dio che investiga il cuore, sa che tipo di fede avresti nelle situazioni minacciose per la tua vita a causa del vangelo. Egli conosce le profondità e il centro del tuo cuore: potrebbe essere di gran lunga più prezioso il continuare a vivere come martire, piuttosto che morire, proprio come ci suggerisce un vecchio detto, "vivere è più difficile che morire."

Nella vita di tutti i giorni possiamo incontrare molte questioni di vita e di morte che richiedono la fede dei martiri. Per esempio, digiunare e pregare giorno e notte è impossibile senza una decisione ferma e una fede forte, perché uno digiuna e prega per ricevere la risposta di Dio a rischio di perdere la propria vita. Chi può entrare nel Terzo Regno dei cieli? Coloro che sono completamente santificati.

E' probabile che molte delle persone vissute nei giorni della prima chiesa, quelli che non si sono ritirati di fronte al martirio, stiano dimorando nel Terzo Regno. Ma oggi, dal momento che la malvagità è veramente grande sulla terra, sono estremamente pochi coloro che entreranno nel Terzo Regno dei cieli e saranno riconosciuti per aver completamente rigettato il peccato.

Chi ha la fede dei padri può entrare in questo regno, perché ha rifiutato il suo peccato, superando qualsiasi genere di fatica e prova, si è santificato completamente ed è stato fedele fino alla morte. Così, Dio ritiene preziosi costoro e lascia che gli angeli e l'esercito celeste li proteggano e li ricoprano con la nuvola della gloria.

La corona della vita

Quale tipo di corona riceveranno le persone che entreranno nel Terzo Regno? La corona della vita, come Gesù ha promesso in Apocalisse 2:10 *"Sii fedele fino alla morte e ti darò la corona della vita."*

Questo "essere fedele" non vuole semplicemente significare fedeltà al proprio dovere e alla chiesa, ma vuole sottolineare quanto sia importante rigettare ogni genere di malvagità lottando contro il peccato fino al punto di versare il sangue e senza compromettersi col mondo. Quando il tuo cuore sarà completamente pulito e santo, per aver lottato contro il peccato fino alla morte, allora riceverai la corona della vita. La corona della vita viene data anche quando si rinuncia alla propria esistenza per i vicini di casa, gli amici e quando si persevera nelle difficoltà dopo aver resistito alla prova (Giovanni 15:13; Giacomo 1:12).

Per esempio, molti sopportano di malavoglia, senza un cuore grato, le prove che si trovano ad affrontare e senza provare a persistere, si adirano e si lamentano con il Signore.

Al contrario, chi supera ogni tipo di prova con gioia, sarà ritenuto completamente santificato; la persona che ama moltissimo Dio, può essere fedele al punto di morire per Lui e può superare qualsiasi genere di problematica senza tristezza.

Ci sono grandi differenze nella qualità di vita delle persone che dipendono dal livello di fede in cui si trovano. I malvagi non possono danneggiare in alcun modo chi è al quarto livello della fede; ad esempio, capirà immediatamente il momento in cui sta per essere attaccata da una determinata malattia o simili.

In questo modo potrà imporre la mano sulla parte ammalata del suo stesso corpo ed essa andrà via. Inoltre, se una persona è al quinto livello della fede non sarà toccata da nessuna malattia perché la luce della gloria lo circonda costantemente.

Lo scopo principale che Dio ha nel coltivare gli esseri umani sulla terra, è quello di allevare e guadagnarsi dei veri figli che possano entrare nel Terzo Regno dei cieli. Ogni luogo delle dimore celesti è bello e ci si vive con gioia; ma il cielo nel senso più vero è dal Terzo Regno in poi, dove solamente i figli santi e perfetti di Dio possono entrare e vivere. È un'area appartata per i veri figli di Dio che hanno vissuto secondo la Sua volontà. Là, vedranno Dio faccia a faccia. Sempre.

Lui, che è un Dio d'amore, desidera che tutti arrivino al Terzo Regno dei cieli o anche più in alto, e per questo ci aiuta nel processo di santificazione attraverso lo Spirito Santo che ci dà la Sua grazia ed il Suo potere quando preghiamo ferventemente e ascoltiamo la Parola della vita.

Proverbi 17:3 ci dice *"Il crogiolo è per l'argento e la fornace per l'oro, ma chi prova i cuori è l'Eterno."* Dio raffina ognuno di noi per edificare i Suoi figli veri.

Spero che anche tu ti santifichi rapidamente, liberandoti dei peccati, lottando contro la radice malvagia del cuore, fino al punto di versare sangue, se necessario. Prego che tu possieda la fede perfetta che Dio richiede.

La Nuova Gerusalemme

Più conosciamo del cielo e più misterioso diventa. La Nuova Gerusalemme è la zona più bella di questo regno, è il luogo dove ha sede il trono di Dio. Alcuni pensano erroneamente, che tutte le anime dei redenti vivranno nella Nuova Gerusalemme, o che essa ricopra l'intero regno dei cieli.

Non è così. In Apocalisse 21:16-17 sono riportate le dimensioni della città santa: larghezza, lunghezza ed altezza. Approssimativamente ogni misura corrisponde a 1,400 miglia (circa 2,200 chilometri). Il suo perimetro è di circa 5,600 miglia, ovvero un'area un po' più piccola di quella della Città Proibita che si trova in Cina.

Se la Nuova Gerusalemme fosse l'unico luogo del cielo, sarebbe di certo sovraffollato, considerato il numero delle anime salvate. Il regno dei cieli, invece, è un luogo di gran lunga più vasto di ciò che possiamo immaginare, e la Nuova Gerusalemme ne occupa solo una parte.

Chi, dunque, è qualificato per entrare nella Nuova Gerusalemme?

Beati quelli che lavano le loro vesti per aver diritto all'albero della vita e per entrare per le porte della città! (Apocalisse 22:14 – Nuova Riveduta)

Definiamo ora alcune delle espressioni utilizzate in questo verso. Le "vesti" sono il cuore e le opere. "Lavare le vesti," quindi, vuol dire essere pronti come sposa di Gesù Cristo, aver purificato il cuore.

Il "diritto all'albero della vita" indica la salvezza per fede che conduce al Paradiso; "entrare per le porte della città" significa andare oltre le porte di perla della Nuova Gerusalemme, dopo aver già oltrepassato gli accessi di tutto il regno dei cieli, a seconda della crescita della propria fede. Vale a dire, in proporzione alla tua santificazione, potrai dimorare più o meno vicino alla Città Santa dove risiede il trono di Dio.

Entreranno nella Nuova Gerusalemme solo i redenti che hanno raggiunto il quinto livello di fede, quella che Dio gradisce, che si sono santificati completamente e sono rimasti fedeli alla loro chiamata. La Fede in cui Dio si compiace è quella talmente forte da muovere il cuore di Dio, da spingerLo a dire "Cosa posso fare per questo mio figlio?" ancor prima che lui chieda. È la fede spirituale e perfetta, la fede di Gesù Cristo, che si comportò in ogni Sua azione secondo il cuore di Dio.

Nella Sua stessa natura Gesù era Dio, ma non considerò l'essere uguale a Lui qualcosa a cui aggrapparsi: piuttosto si annullò prendendo la natura di servo; si umiliò ubbidendo fino alla morte (Filippesi 2:6-8).

Perciò Dio Lo ha innalzato più di ogni altro, dandoGli il nome che è al di sopra di ogni altro nome (Filippesi 2:9), la gloria di sedere alla destra di Dio e l'autorità di essere il Re dei re, il Signore dei signori.

Similmente, per entrare nella Nuova Gerusalemme, anche noi dobbiamo essere obbedienti e fino alla morte, come Gesù, se quella è la volontà del Padre. Alcuni di noi potrebbero chiedersi "A me sembra che essere obbediente fino a morire sia qualcosa che va oltre la mia capacità. Posso comunque arrivare al quinto livello della fede?"

Effettivamente, tale confessione proviene da una fede debole: dopo aver appreso cos'è la Nuova Gerusalemme, nessuno dovrebbe più dichiarare certe cose, perché la speranza di passare la vita eterna nella migliore dimora celeste dovrebbe essere più forte di qualsiasi altra cosa.

Avendo già descritto brevemente le caratteristiche e la gloria della Nuova Gerusalemme, vorrei che la vostra immaginazione a riguardo fosse più ampia in modo che possiate realizzare quanto sia beata e affascinante la Città Santa.

La bellezza della Nuova Gerusalemme

Come una sposa si prepara per essere al massimo della sua bellezza ed eleganza per andare incontro al novello sposo, Dio prepara e decora la Nuova Gerusalemme nel più meraviglioso dei modi. La Bibbia la descrive in Apocalisse 21:10-11:

> *E mi trasportò in spirito su di un grande ed alto*
> *monte, e mi mostrò la grande città, la santa*
> *Gerusalemme che scendeva dal cielo da presso Dio,*
> *avendo la gloria di Dio. E il suo splendore era simile*
> *a quello di una pietra preziosissima, come una pietra*
> *di diaspro cristallino.*

La Città Santa è circondata da un alto muro di diaspro, ha dodici fondamenta, dodici porte ognuna composta da una sola grande perla e le sue strade sono fatte d'oro puro, simile a cristallo trasparente (Apocalisse 21:11-21).

Per quale motivo Dio ha scelto di descrivere così dettagliatamente le strade e il muro della città piuttosto che altre parti? In questo mondo, l'oro è la sostanza più preziosa che l'uomo possa desiderare e possedere; si preferisce l'oro perché oltre ad essere prezioso non perde mai il suo valore col passare del tempo.

Riesci ad immaginare quanto saranno meravigliose le altre strutture interne della Nuova Gerusalemme, se quelle più comuni, come le strade su cui si cammina sono costruite in oro ed il muro di cinta in pietre preziose? Ecco perché Dio descrive così minuziosamente le strade e il muro di cinta.

Addirittura, la città non ha bisogno di sole o lampade per essere illuminata, perché la notte non ci sarà mai, in quanto Dio la illumina perennemente. C'è il Fiume dell'Acqua della Vita, limpido come cristallo, che scorre dal trono di Dio e dell'Agnello e giunge al centro della grande città.

Su entrambi i lati del Fiume ci sono spiagge di sabbia in oro e argento, c'è l'albero della Vita, che fa dodici frutti e porta il suo frutto ogni mese, le cui foglie sono per la guarigione delle nazioni. Troviamo i giardini, che Dio ha coltivato con alberi e fiori di svariati colori e profumi, dove i residenti passeggiano beatamente. Dappertutto, la città è piena di felicità e pace a motivo della radiosa luce e dell'amore del nostro Signore Gesù Cristo, che nessuno può riuscire a descrivere adeguatamente con parole terrene.

Si viene rapiti anche solo contemplando queste due brillanti e magnifiche scene: abitazioni fatte di oro e gioielli, strade dorate, trasparenti, cristalline e tanto splendenti da abbagliare. È un mondo che va oltre ogni immaginazione, la cui gloria e il cui valore non possono essere stimati.

E la città non ha bisogno del sole né della luna, che risplendano in lei, perché la gloria di Dio la illumina e l'Agnello è il suo luminare (Apocalisse 21:23).

Poi vidi un nuovo cielo e una nuova terra, perché il primo cielo e la prima terra erano passati, e il mare non c'era più. E io, Giovanni, vidi la santa città, la nuova Gerusalemme, che scendeva dal cielo da presso Dio, pronta come una sposa adorna per il suo sposo (Apocalisse 21:1-2).

Per chi è stata preparata la bellissima Città Santa? Dio ha preparato la Nuova Gerusalemme per coloro che, tra i redenti, sono i Suoi figli santi e perfetti come Egli è. Ecco perché Dio ci esorta ad essere completamente santificati dicendo: *"Astenetevi da ogni apparenza di male"* (1 Tessalonicesi 5:22), *"Siate santi, perché Io sono santo"* (1 Pietro 1:16) e *"Voi dunque siate perfetti, come è perfetto il Padre vostro, che è nei cieli"* (Matteo 5:48).

Comunque, anche tra le persone completamente santificate alcuni entreranno nella Nuova Gerusalemme e altri rimarranno nel Terzo Regno dei cieli. Questo dipenderà da quanto il loro cuore sia simile a quello Dio e da quanto abbiano vissuto secondo la Sua Parola. Chi entrerà nella Nuova Gerusalemme non solo si è santificato completamente, ma ha anche compiaciuto il Signore ubbidendo finanche alla morte, secondo la Sua volontà.

Supponiamo questa situazione: c'è una famiglia con due figli. Un giorno il padre ritorna dal lavoro e dice di essere assetato: il figlio maggiore sapendo che il padre preferisce una bevanda analcolica, gli porta un bicchiere di soda, poi lo massaggia e lo aiuta a rilassarsi. Al contrario, il figlio più giovane gli serve un bicchiere d'acqua e poi tornaò nella sua stanza per studiare. Quale dei due figli ha dato al padre più gioia, dimostrando di conoscerlo bene? Certamente il figlio maggiore.

Similmente, c'è differenza tra coloro che entrano nella Nuova Gerusalemme e chi invece rimane nel Terzo Regno dei cieli. La differenza sta nella misura in cui hanno compiaciuto il Signore e conosciuto profondamente il Suo cuore.

Gesù descrive la fede del quinto livello come la fede che piace a Dio, in modo da farci comprendere più profondamente la Sua volontà: Egli si compiace grandemente di chi si santifica con fede, che si adopera per la salvezza delle anime e diffonde il vangelo, che si prodiga per l'avanzamento del Suo regno e della Sua giustizia.

La corona d'oro e la corona della giustizia

Le persone che dimorano nella Nuova Gerusalemme riceveranno come premio la corona d'oro o la corona della giustizia. Queste sono le corone più gloriose del cielo e sono indossate solamente in occasioni speciali.

Apocalisse 4:4 dice: *"Intorno al trono c'erano ventiquattro troni, e sui troni vidi seduti ventiquattro anziani vestiti di bianche vesti; e sul loro capo avevano delle corone d'oro."*

I ventiquattro "anziani" sono qualificati per stare seduti intorno al trono di Dio. Il termine "anziani" non è in riferimento al collegio degli anziani di una chiesa, ma a persone che hanno vissuto secondo il cuore di Dio, che si sono completamente santificate, che hanno edificato sia santuari visibili che templi invisibili nel proprio cuore.

In 1 Corinzi 3:16-17 Dio dice che il Suo Spirito rende il nostro cuore come un tempio e che Lui stesso "guasterà" chi ha distrutto il tempio. Edificare un santuario invisibile nel cuore significa diventare una persona spirituale che rigetta il peccato. Edificare un tempio visibile, significa, invece, compiere il proprio dovere in questo mondo.

Il numero "ventiquattro" in riferimento agli anziani rappresenta tutte le persone che non solo passano attraverso le porte della salvezza per fede, come le dodici tribù di Israele, ma che sono anche completamente santificati, come i dodici apostoli di Gesù: essendo riconosciuto come figlio di Dio tu diventi parte del popolo d'Israele, e se vorrai entrare nella Nuova Gerusalemme dovrai essere santo e fedele come sono stati i dodici discepoli di Gesù. I "ventiquattro anziani" rappresentano le persone completamente santificate, completamente fedeli nei loro doveri e riconosciute da Lui, il quale donerà loro la corona d'oro perché hanno una fede preziosa proprio come questo oro puro.

In aggiunta, il Signore darà la corona della giustizia a chi, oltre ad aver rigettato il peccato, ha anche adempiuto al proprio dovere con la fede che a Lui piace, come fece l'apostolo Paolo. Egli affrontò molte difficoltà e persecuzioni per amore di giustizia, fece ogni sforzo possibile e resistette in ogni cosa per fede, allo scopo di ottenere il regno di Dio e la Sua giustizia in qualsiasi cosa facesse, fosse anche solo bere o mangiare. Paolo glorificò Dio e dimostrò la Sua potenza ovunque andò. Ecco perché ha potuto dire con sicurezza *"Per il resto, mi è riservata la corona di giustizia che il Signore, il giusto Giudice, mi assegnerà in quel giorno, e non solo a me, ma anche a tutti quelli che hanno amato la sua apparizione"* (2 Timoteo 4:8).

In queste pagine abbiamo studiato un poco il Regno dei cieli, come avanzare verso il cielo, le diverse dimore, le corone e le ricompense celesti che ognuno riceverà secondo la propria misura di fede.

Nel nome del Signore Gesù prego che tu possa diventare un cristiano saggio che non desidera le cose corruttibili ma quelle eterne, avanzando verso il cielo per godere gloria e felicità senza fine nella Nuova Gerusalemme!

Note sull'autore
Dott. Jaerock Lee

Il Dott. Lee è nato nel 1943, a Muan, in provincia di Jeonnam, nella Repubblica della Corea. Intorno ai vent'anni iniziò a soffrire di varie malattie incurabili. Dopo sette anni di sofferenza e senza alcuna speranza di guarigione, non gli restava che aspettare la morte. Un giorno, nella primavera del 1974, fu condotto in una chiesa da sua sorella e come si inginocchiò per pregare, l'Iddio vivente lo guarì immediatamente da tutte le sue malattie.

Dall'istante in cui ha incontrato l'Iddio vivente attraverso quell'esperienza meravigliosa, lo ha amato con tutto il suo cuore e tutta la sincerità di cui era capace. Nel 1978 fu chiamato ad essere un servitore di Dio. Seguì un periodo di preghiera profonda in modo da comprendere e compiere chiaramente la Sua volontà. Nel 1982, ha fondato la Chiesa Centrale del Ministerio Manmin in Seoul, Sud Corea e compiuto innumerevoli opere per mano di Dio, incluse guarigioni miracolose e molti miracoli.

Nel 1986, Il Dott. Lee è stato ordinato pastore durante la Riunione Annuale della Jesus' Sungkyul Church of Korea, e quattro anni più tardi nel 1990, i suoi sermoni cominciarono ad essere trasmessi in onda dalla Far East Broadcasting Company, dalla Asia Broadcast Station, and the Washington Christian Radio System fino in Australia, Russia, Filippine e molte altre nazioni.

Tre anni più tardi nel 1993, la Manmin Central Church è stata nominata tra le "50 Chiese più grandi del mondo" dal periodico cristiano *"Christian World Magazine"* (Stati Uniti). Inoltre, il Dott. Lee ha ricevuto un Dottorato Onorario presso l'università cristiana, "Christian Faith

College", Florida, Stati Uniti e nel 1996 un Dottorato Ministeriale presso l'università teologica "Kingsway Theological Seminary", Iowa, Stati Uniti

Dal 1993 il Dott. Lee ha intrapreso la direzione di una visione missionaria mondiale esplicitandola attraverso crociate all'estero, di cui alcune svoltesi a Los Angeles, Baltimora, New York (Stati Uniti), Tanzania, Argentina, Uganda, Giappone, Pakistan, Kenia, la Filippine, Honduras, India, Russia, Germania, Perù, nella Repubblica Democratica del Congo, Israele e Estonia. Nel 2002 molte riviste e giornali cristiani in Corea lo hanno definito "pastore mondiale" in riferimento al suo lavoro missionario all'estero.

Ad oggi, Giugno 2015, la Chiesa Manmin Centrale è una congregazione che conta oltre 120.000 membri e 10.000 chiese affiliate, nazionali ed estere, ha commissionato più di 103 missionari in 23 paesi, inclusi Stati Uniti, Russia, Germania Canada, Giappone Cina, Francia India, Kenia ed altri.

Fino a questo momento Il Dott. Lee ha scritto 100 libri, inclusi i best-seller: *Gustare la Vita Eterna prima della Morte*, *La Mia Vita*, *La Mia Fede*, *Il Messaggio della Croce*, *La Misura della Fede*, *Cielo I e II*, *Inferno*, e *La potenza di Dio*, tradotti in più di 76 lingue.

Il Dott. Lee è attualmente fondatore e presidente di un notevole numero di organizzazioni missionarie, oltre ad essere il presidente della chiesa "United Holiness Church of Jesus Christ", delle missioni mondiali Manmin, del "GCN", network coreano di televisioni cristiane, del "WCDN" il primo network mondiale di medici e dottori cristiani e del "MIS" il seminario internazionale del ministerio Manmin.

Cielo I e II

Uno schema dettagliato dell'ambiente meraviglioso che i cittadini del cielo godranno immersi nella gloria di Dio, la Nuova Gerusalemme e il regno dei cieli.

Il Messaggio della Croce

Un messaggio potente e rinvigorente per tutti quelli che sono spiritualmente sonnecchianti. In queste pagine troverete l'amore vero di Dio e le ragioni per cui Gesù è l'unico Salvatore.

Inferno

Un accorato messaggio divino a tutto il genere umano. Dio desidera che ogni anima sia salvata e non precipiti all'inferno! Questo libro svela dettagli e racconti sulle crudeltà dell'inferno come mai sono stati narrati prima.

La Potenza di Dio

Una guida essenziale per il credente su come possedere la vera fede e sperimentare la potenza mirabile di Dio.

Spirito, Anima e Corpo I e II

Gli uomini sono stati creati a immagine di Dio, e senza Dio, non possono vivere. Otterremo le risposte alla domanda sull'origine dell'uomo solo quando sapremo chi è Dio.

Risvegliati Israele!

Perché Dio ha mantenuto i suoi occhi su Israele dal principio del mondo fino ad oggi? Che tipo di Sua provvidenza è stato preparato per Israele negli ultimi giorni, che attendono il Messia?

La Mia Vita, La Mia Fede I e II

L'autobiografia del Dott. Jaerock Lee. Un aroma spirituale fragrante per il lettore, che, attraverso la vita del pastore Lee, testimonierà dell'amore di Dio che ha rotto il giogo della disperazione più profonda.

Gustare la Vita Eterna prima della Morte

La testimonianza tratta dalle memorie personali del Dott. Jaerock Lee, che, nato di nuovo, è stato salvato dalla valle della morte per poi vivere una vita cristiana esemplare.